# 顺从

You Have More
Influence Than You Think

## 说服和被说服的心理策略

［美］瓦妮莎·博恩斯　著
（Vanessa Bohns）
刘翀　译

中信出版集团 | 北京

图书在版编目（CIP）数据

顺从：说服和被说服的心理策略 /（美）瓦妮莎·博恩斯著；刘翀译. -- 北京：中信出版社，2022.6
书名原文：YOU HAVE MORE INFLUENCE THAN YOU THINK
ISBN 978-7-5217-4376-0

Ⅰ.①顺… Ⅱ.①瓦…②刘… Ⅲ.①心理交往－语言艺术－通俗读物 Ⅳ.① C912.11-49

中国版本图书馆 CIP 数据核字 (2022) 第 088414 号

Copyright © 2021 by Vanessa Bohns
Simplified Chinese translation copyright ©2022 by CITIC Press Corporation
ALL RIGHTS RESERVED
本书仅限中国大陆地区发行销售

顺从——说服和被说服的心理策略
著者： ［美］瓦妮莎·博恩斯
译者： 刘翀
出版发行：中信出版集团股份有限公司
（北京市朝阳区惠新东街甲 4 号富盛大厦 2 座 邮编 100029）
承印者： 宝蕾元仁浩（天津）印刷有限公司

开本：880mm×1230mm 1/32 印张：9.25 字数：200 千字
版次：2022 年 6 月第 1 版 印次：2022 年 6 月第 1 次印刷
京权图字：01-2021-5003 书号：ISBN 978–7–5217–4376–0
定价：59.00 元

版权所有·侵权必究
如有印刷、装订问题，本公司负责调换。
服务热线：400-600-8099
投稿邮箱：author@citicpub.com

致汉娜与伊夫琳

# 目录

前言 / V

## 第一章 / 001
## 不易察觉的影响力

你没有想象中的那么不起眼 / 004

且不必疑神疑鬼 / 008

当你途经别人的世界 / 013

听众的力量 / 017

"随口说说而已" / 024

效仿的力量 / 028

去露个面吧,你会不虚此行的 / 032

## 第二章 / 035
## 你的说服力

他们喜欢你,不必怀疑 / 042

为什么我们会过分担心自己说错话 / 047

认同的倾向 / 052

你需要冷静一些 / 057

信心不足的麻烦 / 063

## 第三章 / 067
## 既然你有所求

兄弟，可以借我一毛钱吗？/ 073

给你一元钱，可以帮我……吗？/ 077

百万美元问题 / 083

可以给我 100 万美元吗？/ 088

所求皆如愿，有时候是这样的 / 093

## 第四章 / 095
## 为什么说"不"那么难

尴尬，是种难以承受的恐惧 / 097

为什么通过电子邮件说"不"更容易 / 103

我们觉得尴尬不足为患 / 107

我们以为自己会坚持原则 / 112

当真理掌握在恶人手中 / 117

要不算了吧？可能也没必要麻烦别人 / 121

## 第五章 / 125
## 不实信息，不当请求，以及"我也是"

为什么男性不应"放胆去做吧" / 131

您手上戴的是枚婚戒吗？ / 142

胡扯 / 149

低估我们的影响力所带来的负面影响 / 155

## 第六章 / 159
## 真实的威势与感知中的影响力

脱衣篮球游戏 / 164

选择权在你 / 167

为什么老板不应与下属有染 / 174

系统性力量 / 182

权力即责任 / 192

# 第七章 / 199
## 去看、去感觉、去体验你对他人的影响

看到你对他人的影响力：

跳出自己的视角 / 206

感受你对他人的影响力：

获取直接视角信息，而非借取他人视角 / 214

体验你对他人的影响力：

拒绝疗法 / 224

**结语 / 241**

**致谢 / 245**

**注释 / 249**

## 前言

  我喜欢教书。但是从教室前面的讲台上望下去，很难讲你是否能在人群中激起任何涟漪。你全神贯注于每一讲的内容，可放眼望去，面前的人海中却是一张张捉摸不透的脸，大多数会在下课的一瞬间消失在教室门外。直到有一天，你收到一封曾经教过的学生发来的邮件，告诉你当年你如何为他的人生带来了改变。一瞬间，像一道闪电划过，你意识到自己的言传身教原来曾有过意义，这样的认可会让你突然湿润了双眼。

  可惜，大多数人不常有这样的机会洞悉自己对他人的影响。无论我们的影响大到足以改变人生（比如急救人员、社工等），还是小到令人习以为常（比如友善诙谐的咖啡师），通常我们能够意识到的影响往往不足事实之万一。换言之，在我们教过的诸多学生中，可能只有百分之一给我们发过邮件。由于极少获得关于自身影响力的反馈，一来二去，我们便逐渐忽略了这个事实。毕竟如果没有人告诉你因为你的一句赞美对方开心了好久，或者你讲的一个笑话使对方乐了一整天，你怎么会知道自己有过这样的能力？

怀揣着好奇，我和心理学研究专家埃丽卡·布思比（Erica Boothby）设计出了一个实验：如果我们在一个人与另一个人发生日常互动之前问问这个人觉得自己会对对方产生多大影响，随后紧接着问问另一个人觉得实际的影响有多大，结果会是什么样呢？在这样稀松平常的日常互动中，人们会不会低估自己对别人的影响力呢？

我们招募了一些志愿者作为被试参与实验，告诉他们这项实验只有一项简单的任务：他们要做的就是走出实验室，随便找一个同性别的陌生人并给对方以赞美。我们甚至告诉他们要如何称赞对方：他们只需要说"嗨，衬衫不错哦"。

志愿者离开实验室前，我们让他们猜了猜这样一句称赞会令对方有什么样的感受。然后给了他们一个信封，让他们在称赞完某个陌生人后马上把它交给对方。信封里是一个问卷，询问的是对方对这个称赞的感觉有多美好，同时里面还附带了另一个信封，方便对方把回答完的问卷封装进去，确保我们的志愿者无法看到他们的答案（否则对方有可能给出不太真实的回答）。

这项实验的结果改变了我与陌生人的相处方式：如果我觉得别人有可圈可点之处，我会鼓励自己说出来。因为现在我知道，那些措辞并不太自然的称赞虽然看起来微不足道，但是会给对方带来远超想象的快乐。在我们的实验中，那些获得称赞的陌生人表示非常享受这样的际遇，并且这样的称赞让他们觉得"受宠若惊""心花怒放"，而这一点大大超出了送出赞美的被试们此前的预期。在此基础上，我们还在这个实验中，询问被试觉得自己随意接近一个陌生人并送上两句好听的话，会在多大程度上叨扰到对方，令其不悦。与实际情况相比，被试其实严重高估了这样做会对别人造成的烦扰。[1, 2]

其实不只是夸赞别人的衬衫结果如此。当我们要求被试去夸赞陌生人身上任何他们由衷地觉得值得美言的事物时，结论也是一致的。绝大多数情况下，收到赞美的人对这样的赞许表现出的感激之情大大高于送出赞美的人的预期。

总而言之，人们低估了一句简单的赞美会给人带来的快乐，同时也高估了随意拦住一个陌生人称赞对方时会给人造成的烦扰。这一现象不仅存在于表面的夸赞中。就算向那些在我们人生中留下深刻影响的人表达感激之情时，我们也会低估此举给对方带来的满足与欣慰，同时高估可能给对方造成的不适。

在社会心理学家阿米特·库马尔（Amit Kumar）与尼古拉斯·埃普利（Nicholas Epley）做过的一项研究中，参与研究的志愿者给他们生命中的重要人物写了一些感谢信。有人写给了父母，有人写给了老师或教练，有人写给了朋友。把这些信件发送出去之前，他们猜测了收信人看到信后会感到多开心，或是多奇怪。研究人员随后联系了这些信件的收件人，并询问了他们读到信件后的真实感受。与前文中针对夸赞别人的研究一样，这项研究中的参与者对他们生命中的重要人物收到感谢信后的反应同样做出了失实的判断，既低估了一封信能带给人的快乐，也高估了收信人会感到难为情的可能。[3]

在另一项研究中，库马尔与埃普利请被试回想他们是否曾给深刻影响过自己的人写过类似的感谢信：是太过频繁了，还是寥寥可数？绝大多数人的回答是他们觉得自己写得太少。所以看上去，虽然表达谢意会让接收到这一信息的人备感欣慰，但人们在这一点上往往做得不够。

我和我丈夫也不例外。我们的大女儿刚出生时，不得已在安大略省基奇纳市大河医院（Grand River Hospital）的新生儿重症监护室（NICU）里住了几天。她其实还好，只是看着我

顺 从

们的宝贝小小的身体上挂着各种监视器和静脉输液管,我和我丈夫吓坏了。然而这里的护士太了不起了。她们不仅把我们的女儿照顾得很好,同时也给了我们这对新手父母极大的关怀,非常不可思议。我们与护士们在 NICU 里共同度过了紧张的三天,这三天的经历可以说不亚于一个育儿速成班。女儿出院之后,许多人都说我们给孩子换尿布、做护理以及安抚第一次接种疫苗的她时,都显得游刃有余。我们常常说,这要感谢 NICU 的各位护士。她们教会了我们育儿过程中的很多事情。我们会告诉身边的每一个朋友与这几位护士一起奋战的那些天有多么不可思议,的确是每一个人,除了这几位护士。

女儿从 NICU 转出三个月后,我给她拍了一张照片,内心充满了感激。照片里的宝宝微笑着,洋溢着健康快乐的气息。我把它打印出来,在背面写了几句话表达谢意,然后寄给了大河医院 NICU 的护士们。不知道她们收到照片后有什么样的感觉,但我希望她们会比我想象中更开心。

正如本书开篇中的例子所示,我们常常不好意思去称赞陌生人,也羞于向我们人生中那些发挥过重要作用的人表达感谢,因为我们低估了我们的话所蕴含的力量,不知道我们言语中的善意会让听到的人感到多么愉悦。不过,在接下来几章的探讨中,我们会发现,除了语言,我们在其他方面也大大低估了自己对他人的影响力。

如果你曾经觉得自己人微言轻、无足轻重，如果你曾认为自己不善言辞，像个透明人一样，其实很可能这些都是你的错觉。你之所以会有这样的感觉，可能恰恰是因为你对自己的语言、行为甚至存在本身可能为别人带来的影响缺乏客观认识，在这一点上，很多人都是如此。我们会低估自己的存在对他人的影响，因为我们觉得自己并不起眼；我们会羞于张口向别人请求些什么，因为我们总觉得自己会被拒绝。反过来看，由于意识不到言语的杀伤力，我们时不时会漫不经心地随口丢出一些欠妥的话，同时错误地认为别人会对我们不顾及他人感受、不合时宜的言论一笑了之。当一个人处在优势地位时，常常意识不到自己并无半点恶意、半真半假的建议在处于弱势地位的人听起来，感觉像一道道颐指气使的命令。

缺乏这样的意识并不奇怪。我们对自己对他人的影响往往难以察觉，也无从知晓。当我们与别人有过交集又分别之后，我们通常无法得知对方对我们的看法。我们寄出一封感谢信后，对方读到它的时候我们大概率也不会在场。（即使在场，对方恐怕也不会按照某个标准给我们这封信为他们带来的感受打分。）除非你迫不得已在地铁上站起来大喊"你们到底都有谁在看着我？！"，否则你真的无法确认自己在多少双眼睛的注视之下，又有谁受到了你的影响。

我和我的同事们所做的研究意义正在于此。我们花了几十年的时间，剖析一个人会对别人产生什么样的影响力，并把这种通常看不见摸不着的东西呈现给大家。关于我们对他人的影响力，我们向参与调研的志愿者提出了诸多我们希望了解的问题：他注意到我今天也来过吗？我之前说过的话，她切实听进去了几分？他们知道其实可以不采纳我的建议吗？如果我提出要求了，她会按我说的做吗？

针对这些问题收集到的答案对我们很有启发。我们常常不觉得自己有什么影响力，但研究结果表明，无论是好是坏，事实上总有人看得到我们、听得到我们，也愿意为我们做一些事情，只是我们常常对此一无所知。

在此我觉得有必要做一点说明。这本书并非传统意义上的关于影响力与说服力的书。通常这类主题的书都有一个目的，即告诉读者如何获得自己原本不具备的影响力，并认为读者会通过新获得的影响力勇往直前，大展身手。我写这本书的目的并不是要帮你去获得影响力，而是希望能够帮你更好地认识你本就具备但并未意识到的影响力。一旦你意识到自己拥有这样的能量，你的确可以选择大刀阔斧、无所顾忌地利用它；你也可能更敢于直接表达自己的想法、寻求别人的帮助。当然，你也可以选择什么都不做。当你意识到别人拒绝你其实并非易事,当你知道许多人可能会把你不经意的玩笑当真时,你可能会明白,有些时候,我们需要收敛自己的行为,掌控好自己的影响范围。

归根结底,我希望这本书能够帮你正确认识自己的影响力,以更加理智审慎的态度来使用它。我希望在需要充分发挥你的影响力时,你能够大胆地拥抱自己的力量,同时能够以更负责任的态度来对待它,以免造成无心之失。还有,你这件衬衫不错哦!

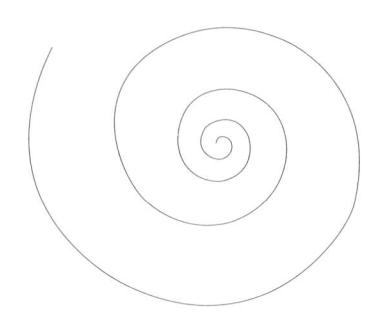

# 第一章
不易察觉的影响力

1949 年，一个性情固执、高度近视的卡通形象首次出现在电视荧屏上，令人眼前一亮。他眯着眼睛路过别人的生活，所到之处鸡飞狗跳、一地鸡毛的形象深入人心。他就是卡通人物马古先生。在《马古先生》的一集中，他误打误撞走进一个火箭发射间，却以为自己进了赌场，还把一个设备当成老虎机，扳动了上面的操控杆，再加上一连串眼花缭乱的操作，阴差阳错地把火箭发射间的总指挥发射到了太空。还有一集中，他把弗兰肯斯坦博士的实验室当成了旅馆的酒吧，依然是在一系列匪夷所思的事件之后，成功毁掉了弗兰肯斯坦博士在他的怪物身上所做的邪恶实验。

马古先生的有趣之处，也就是这个人物身上所设定的主要喜剧元素，正在于他对自己一手造成的混乱浑然不觉。无论走到哪里，即使对周遭的人产生的影响不亚于"把人发射到太空"这样离奇的程度，他也能够一味闷头行事，全然不知自己对他人造成的影响，也察觉不出自己走进房间时，周围人的举动与眼神有什么异样。

通过本书，我希望能够让大家了解，其实我们每个人身上或多或少都有一点马古先生的影子。我们勤勉地度过人生中的每一天，心无旁骛地埋头耕耘着面前的一亩三分地，殊不知自己在身后留下了一连串印记，影响着日日路过我们生命的各种人。与马古先生一样，我们对此一无所知。

这样的真相会让人意识到自己的举足轻重，同样也会令人警醒。一方面，它意味着很多时候，我们的影响力比想象中来得更容易，也更稀松平常。可能你的脑海中会浮现出自己曾经试图去影响某些人，但未能如愿的画面，但毫无疑问，绝大多数情况下，你不费吹灰之力就可以影响到别人，只是你自己并不知道。反过来讲，这样的事实也意味着我们极有可能会在无意间对别人造成我们本不愿意看到的影响。

任何一名市场营销人员都会告诉你，创造影响力的第一步是获得他人的注意，事实上他们可能会说，抓住别人的注意力是说服别人的过程中最难的部分。本章中，我们会把这个假定前提推翻。获得别人的注意需要靠挥舞着手臂大声呼喊，这是一个需要打破的错误观念。营销人员可能需要绞尽脑汁去抓住别人的眼球，但你不需要。你已经在别人眼中了。你是一个人，不是一则广告或一条推特，人们会本能地关注他人。不仅如此，人类天生会好奇别人有哪些想法，并将自己的思想与行为做出相应的调整。这就意味着我们始终都在悄无声息、潜移默化地影响着身边的人，即使我们本无意于此，甚至常常对此毫不知情。

## 你没有想象中的那么不起眼

2017年9月12日，泰·柯布（Ty Cobb）与约翰·多德（John Dowd）约见共进午餐。此二人中，前者时任白宫律师，主要负责应对穆勒针对前总统唐纳德·特朗普发起的"通俄门"调查案，后者是此调查案中特朗普外聘的首席律师。二人就座的地方是华盛顿一家热门餐馆的户外露台，紧邻繁忙的人行道。热门餐馆、户外环境、人流如织，恐怕没有比这更开放的环境了。可即便如此，两名律师依然在此对调查案相关的敏感信息进行了将近50分钟的商讨，包括特朗普大楼中的秘密会谈、贾里德·库什纳（Jared Kushner）在白宫岌岌可危的地位，以及在动用行政豁免权上的尺度把握等。当然这些细节现在早已尽人皆知，原因在于《纽约时报》的一名记者当时碰巧坐在这两位律师的邻桌。这位叫肯·沃格尔的记者在推特上贴出这两位律师交谈的照片，并配文"泰·柯布与约翰·多德在BLT牛排馆随意地讨论'通俄门'调查案，声音很大，我就坐在旁边"。[1]

这条意外所获的独家消息成了一篇关于特朗普的律师团队就如何配合"通俄门"调查案出现内部分歧的新闻报道。但很快，媒体报道的焦点就从新闻的内容本身转移到了对这条独家新闻缘何会出现的质疑上。正如《华盛顿邮报》记者弗雷德·巴巴什所说："每个身在华盛顿的记者都梦想着能坐在某家餐馆，碰巧听到一些秘密，从而拿到独家新闻。"[2]然而，这样的两个人物，特别是被白宫请来希望以"职业化"姿态应对"通俄门"调查案的律师泰·柯布，缘何会如此不小心，导致诸多敏感信息被人听去，仍然令人费解。在微软全国广播公司（MSNBC）的一次采访中，沃格尔谈到这家餐馆的位置与《纽约时报》在华盛顿的站点非常近，他说道："众所周知，来这家餐馆就餐的人中不乏政要人物与媒体记者，特别是《纽约时报》的记者，因此他们选择在这样的地方讨论这样的问题就更加令人诧异了。"用《华盛顿邮报》的专栏作家达纳·米尔班克的话简单来说："柯布是脑子进水了吗？"[3]

埃丽卡·布思比与耶鲁大学的科研人员玛格丽特·克拉克

（Margaret Clark）和约翰·巴奇（John Bargh）或许可以对柯布究竟在想些什么做出解释。这个解释不仅有助于解开这道独家新闻的谜题，还可以帮我们了解为何我们常常意识不到自己会对他人产生影响。按照科研人员的说法，我们往往会低估别人对我们的关注程度，柯布只不过是应验了这种说法。我们倾向于认为别人不会过多地观察我们、倾听我们，不会把过多的注意力放在我们身上，然而事实并非如此。布思比与她的同事们用"隐形斗篷幻觉"[4]的说法来描述我们在日常生活中的隐遁之感，比如戴着耳机坐火车，或是戴着墨镜穿过公园时，[5]我们观察着周边的人群，却全然不觉自己同时处在别人的关注之下，好像自己穿着隐形斗篷一样。然而，正如悔不当初的柯布与多德两位律师所意识到的，事实是人们的确会关注我们，而且程度之深超出了我们的想象。

在针对这种现象的一个早期研究中，布思比与她的几位共同作者在一个人来人往的校园餐厅中对来此就餐的学生做了调研。研究人员想看一看在公众场合吃午餐时，学生们对自己引起他人注意的程度的感知是否低于真实的情况。

为了验证这一假设，研究人员随机地把走出餐厅的学生分成不同情况进行考察。一种情况下，要求学生回答他们在餐厅中会在多大程度上注意或观察来来往往的人（比如人们的行为、举止、模样)、对周围的人有多好奇,以及有多想了解这些人在想什么。另一种情况下,学生会被问及他们觉得餐厅中会有多少人注意到或观察他们(包括行为、举止、模样)、对他们感到好奇,以及有多希望知道他们在想些什么。问卷结果显示,认为自己会观察别人的比例比认为自己会被别人观察的比例高出67%。所以事实是虽然每个人都会不亦乐乎地观察别人,但却总是认为自己比周围的人更不易被注意到。

为什么我们会这样想呢?我来问一个问题,你可曾有过这样的经历:你看着别人的时候不巧与对方目光相遇,你觉得自己被对方发现因此备感尴尬,于是会迅速转移目光望向别处或假装自己是在看其他人?我猜答案是"有",因为人确实会做这样的事。视觉科学家甚至对此现象进行了命名,称之为"凝视偏转"[6]。当我们看着别人的时候,会试图掩盖这一行为,但这也意味着看着我们的那个人同样想掩盖事实。正因如此,很少有迹象能够表明其实有很多双眼睛在注视着我们。

当我们环顾周围时,我们可以看到一些人正盯着天花板或自己的手,但我们不会想到一旦我们把头转开,他们的目光会回到我们身上。实际上,在另一项研究中,布思比与她的合作伙伴问过研究对象这个问题:"当你不经意与一个陌生人眼神交汇时,你会认为这是由于你在看着对方,还是由于对方正看着你?"调研结果显示,绝大多数人(76%)会觉得这是因为自己正在看着那个陌生人。然而事实并非如此。

其实不只是陌生人对我们的好奇超出想象。研究人员在完全一样的餐厅环境下做了另一份同样的调研,只是调研对象换成了结伴就餐的伙伴们。这些调研对象同样被问及有多关注与自己同行的伙伴、对伙伴有多大程度的好奇。研究人员发现,这个调查结果与之前针对陌生人的问卷结果一致。即使是我们的朋友,对我们的关注与好奇程度也超出了我们的认知。

了解这些情况对达到我们的目的非常重要,因为如果不了解别人对我们的关注程度,又怎么可能衡量得出我们会对别人产生多大的影响?我在前文中所说的观点依然成立——你是一个人,不是一则广告。不过我们从广告中可以得到一个重要启迪,就是通往影响力的第一步是获得关注。鉴于此,我们之所以低估了自身的说服力,首先是因为我们低估了别人对我们的关注程度。

## 且不必疑神疑鬼

如果读到"隐形斗篷幻觉"时,你想到的是"完了,这下我知道当时(此处加入某个令自己觉得难堪的场面)人人都看到我的样子了",我想在进入下一部分内容前先强调一点:其他人的关注点与你想的并不一样。具体来说，他们并没有关注到那个你觉得难堪的场面。

我在前文中曾提到我们看着别人时不小心被对方发现（虽然事实上极有可能是你发现了对方正在看着你）的情景，这样的窘迫感对大多数人来说并不陌生。与此同时，大多数人应该同样也有这样难为情的时候：比如你觉得人人都在看你额前那一缕不够服帖的乱发，发现你跟跟跄跄被绊了一下的样子，或是盯着你裤子上那团怪异的污渍不放。其实你大可放心：之前有人做过科学考证，人们并没有关注这些内容。在一个如今看来非常经典的实验中，社会心理学家汤姆·季洛维奇（Tom Gilovich）、维基·梅德维克（Vicky Medvec）与肯·萨维斯基（Ken Savitsky）测验了在我们的认知中，人们会盯着我们自认为最尴尬的事物不放，这是否是一种过分的担心。[7]他们请了几组学生来到实验室参与这个实验，在每部分实验中，随机选择一名学生穿上一件印有过气歌星巴瑞·曼尼洛演唱会画面的T恤①。在实验开始之前的学生采访中，这是公认最令人尴尬的一件T恤。

随后实验人员带领穿着这件T恤的学生来到另一个房

---

① 这项实验的开展发生在嬉皮士文化出现前的几年，具有讽刺意味的是，这样的T恤倒是有可能受到嬉皮士文化的欢迎。——作者注

间,并称实验的其余部分需要在这里完成。进入房间时,他看到屋里已经有其他参与实验的学生围坐在一张桌子旁边。正当他准备坐过去时,一名实验人员拦住他,说仔细一想,发现其他学生的实验进程太快了,所以需要这名穿着巴瑞·曼尼洛T恤的学生先在屋外等一等。就在这名学生在外等待期间,实验人员收集了两份关键信息:一名实验人员询问穿着这件T恤的学生觉得屋里有多少人注意到他穿着这件衣服;另一名实验人员询问屋里的其他学生是否注意到有人穿着那件T恤。如此一来,实验人员就可以将穿着T恤的学生想象中注意到他的人数比例与实际注意到这件T恤的人数比例进行对比。

结果是个好消息:尽管穿着那件T恤的学生认为屋里应该有半数人注意到他那件令人难为情的衣服,但实际上屋里只有四分之一的人看到了。换句话说,在穿T恤的人的感觉中会关注他的穿着打扮中令人尴尬的某个部分的人,是实际关注到这个部分的人的两倍。实验人员把这种现象称为"聚光灯效应",因为正如他们所说,"人们倾向于认为社会的聚光灯照在自己身上时,会感觉比实际中更晃眼"。

在这项实验中,人们高估了别人对自己的关注。但是我们在前文的叙述中也了解到,人们也常常会低估自己在别人眼中

顺 从

的存在程度。这两种效应，即"隐形斗篷幻觉"与"聚光灯效应"，为何会同时存在呢？在最初关于聚光灯效应的讨论中，季洛维奇与他的合作伙伴其实推测过在什么样的情况下，实验结果有可能是相反的——也就是出现被他们称为"逆向聚光灯效应"的现象，这种现象就是后来在其他研究人员的研究结论中出现的"隐形斗篷幻觉"。当我们自己对某件事物有强烈的不自在之感时，我们倾向于高估别人对我们的关注程度，但是在生活中几乎其他任何情境下，比如当我们忙于日常事务、穿着熟悉的衣服、做着不必费心习以为常的事情时，我们倾向于低估别人的关注度。

为了展示这种区别，布思比与她的同事（"隐形斗篷幻觉"的研究人员）做了另外一项研究，这次他们借鉴了季洛维奇团队的实验方法。[8]他们没有去学生餐厅做调研，而是招募了一些学生来到实验室参与实验。被试来到实验室后，被分成了两种情况进行实验。一种情况下，实验人员交给被试一件T恤，要求学生套在自己的衣服外穿。就像在聚光灯效应的研究中一样，这件T恤上赫然印着一张脸，只不过由于当时很难像20世纪90年代一样找到印有巴瑞·曼尼洛的T恤，本次实验中T恤上的人脸换成了恶名昭彰的大毒枭巴勃罗·埃斯科瓦尔，但效果是一样的：穿着这件T恤的被试感到非常不自在。在另一种情况下，被试只需要穿着他们来时的衣服即可，也就是说他们没有特别的理由对自己的着装有心理上的不适。

被试（包括穿着那件特别T恤的学生与穿着自己的衣服的学生）被一起带到了一间等待室，里面坐着另一名参加实验的人员。他们在屋里待了5分钟，然后被带到其他屋子去完成一些问卷。在此期间，实验人员收集了与聚光灯效应实验中同样类型的信息。他们分别询问穿着指定T恤的被试与穿着自己衣服的被试认为等待室里的那个人会在多大程度上注意到或是在琢磨他们的衣服，同时也询问了等待室里的那名被试实际上有没有注意到其他被试所穿的衣服。

被试穿上印有巴勃罗·埃斯科瓦尔的T恤时，布思比与她的同事再次验证了聚光灯效应。穿着这件T恤的人认为其他实验参与者会注意到这件T恤，但实际上人们对它的关注程度并没有那么高。反观穿着自己的衣服的被试，他们没什么特别的理由对自己的穿着感到别扭。他们并不认为自己的衣着会引起其他被试的注意，但实际却低估了人们对它的关注程度。换言之，当我们对某件事感到特别难为情时，我们会过分关注这一点，并且觉得别人都像我们一样会注意到它。我们感觉自己仿佛站在了聚光灯下，把最丢人的一面公之于众。但其实不然。对于我们内心觉得令人不安的事物，没有人会像我们一样那么在意它。然而当我们认为自己的行为和穿着没什么值得大惊小怪的地方时，我们反而会低估别人对我们的关注程度。某件衬衫我们可能穿了很多年了，但对于别人来讲，它是新的，看起来还很不错。

既然人们对我们的旧 T 恤比我们想象中更感兴趣，我们说不定会无意间引领某种时尚潮流。当然，我想说的重点并不在此。重点在于，你并不知道你的存在会以什么样的方式对他人的思想与感受产生影响。最终，心理学家发现，我们的存在会在悄无声息间影响他人看问题、做事情的方式，由此促使人们的思想、感受或行为发生改变。

## 当你途经别人的世界

我和我丈夫刚开始约会的时候，他踌躇满志地想让我也爱上他最喜欢的一支乐队。他发给我一张曲目表，上面详细记录了每首歌在音乐表达上有哪些过人之处，并且强调我一定要按照他精心排布的曲目顺序来听。我照做了。一天晚上，我独自在公寓里，戴好耳机，向后一倚，严格按照他指定的方式听完了整个播放列表。其实感觉……还行吧。虽然我极尽委婉地向他表达了我的感受，但不得不承认，我不温不火的反应着实令他郁闷。后来这件事情就这样过去了，自那以后我们几乎从未提起过这支乐队。直至几个月后的某一天，在一次自驾旅行的途中，他打开了那张播放列表。他并没有说什么，只是在没有当地电台信号的地方随手播放了这些曲目，但我很快听出来是那支乐队的歌。我们一路并排坐在行驶的车中，远眺着窗外，就这样一起静静地听完了整个曲目表。你猜怎么着？这次感觉它们好听多了！我开始对这支乐队感兴趣。

我是在了解到埃丽卡·布思比所做的另一系列的研究时，想到了我的这段经历。在这一系列实验中，布思比与她的同事研究的是当我们与另一个人共同经历某件事情时，它会对我们的体验产生什么样的影响。仅仅是与另一个人坐着一起听音乐，或是站在某人旁边跟他一起欣赏一幅画，即使没有任何言语与肢体动作，甚至无须有意做任何影响他人的尝试，我们依然会对另一个人的体验产生一定的影响。

为了验证这个现象，布思比与她的同事们以开展某种品尝试验为由，招募了一些志愿者来到实验室。实验人员告诉志愿者他们需要先后品尝两块巧克力，并给这两块巧克力的味道打分。志愿者不知道的是，这两块巧克力事实上是从同一块巧克力棒上取下来的，因此品尝起来味道应该是一模一样的。即便如此，研究人员仍然预计志愿者们独自品尝巧克力时打出的分

顺 从

数会与他们以为有别人同时在品尝巧克力时打出的分数不同。他们最终得出的结论给了我们在约会时点上一份甜品的充分的理由：与独自品尝巧克力相比，当人们觉得另一个人同时也在品尝巧克力时，会认为自己更喜欢这份巧克力，并且在口味上给出了更高的评分。[9]

至此，我们先不要急于下定论，认为如果想要某个人喜欢某件事，仅需要与他一起做这件事就够了。布思比与她的同事发现，共同经历一件事不是只会达到令人更加愉快的效果，它只是放大了做某件事的感受。在上面的实验中，品尝巧克力时甜甜的感受被放大了。但在另一项研究中，她们发现可以被放大的还有不愉快的感受。在接下来的实验中，布思比与同事们依然使用了同样的实验逻辑，不过这次要求被试品尝的是此前人们公认的极苦的巧克力，吃起来非常不舒服。结果显示，与其他人一起品尝这样的巧克力并没有把这份体验变得更美好，而是恰恰相反。与人一起经历某件事只是把人在其中的感受变得更加强烈了。

更重要的是，研究人员在这些实验中颇费了些心思，确保实验过程中被试之间没有任何交流。他们知道对方的存在，但不会互相参考意见，没有眼神交流，也没有任何肢体动作。那么吃一块巧克力的体验为何会如此悬殊？比如某次实验中，在喜爱程度满分为 10 分的情况下，人们给出的平均分可以从 5.5 分变为 7 分，难道只是因为有人与你一起经历了这件事吗？

研究人员提出了一个尤为耐人寻味的理论，认为这种现象是在一种所谓的"心理揣摩"过程中产生的。如果我们知道有人在与我们做同样的事情（比如吃巧克力），当我们津津有味地感受巧克力的香甜时，我们会想象另一个人同时在体验巧克力的美味的样子。这样一来，美味的感觉顿时加倍。

心理学家加里·施泰因巴赫（Garriy Shteynberg）与同事在另一项研究中发现，当我们认为有人与我们同时在对一件事物进行评估时，我们的大脑确实会变得更加卖力。假如你知道你身边的其他人也在与你读同一本书，或是看同一部剧，你往往会对这本书或这部剧给予更多关注，记住其中更多的内容，并且会更加谨慎地做出评价，因为你会想要弄清楚你身边的人对它的看法（也就是说，"我们"是如何看待它的）。在这种情况下，你为此额外花费的脑力紧接着会影响你对自己所关注的某件事物的态度，即使你没有与别人明确地讨论过此事，甚至完全不知道别人对它的想法。

在一系列研究中，如果有人告诉被试，还有一些志趣相投的人也在评价同一套美术作品时，被试会为这些画作写下更加复杂的作品描述。此外，相比他们以为只有自己在评估这些画作，或以为别人评估的是另一套画作时，被试对画作的评价更为极端。[10]当被试相信有人与他们一样在审视某件事物时，他们在这件事上付出的额外关注与心力会强化他们对这件事物的态度，就如同想象别人吃巧克力的过程会强化我们自己吃巧克力的体验一样。

心理揣摩是我们身处人群中时本能地会做的一件事。我们天生对别人好奇，想了解别人的思想活动——对某件事的看法和反应是什么。同理，本书希望你也能明白，别人对我们亦是如此。我们在别人旁边时，对方也在忙着琢磨我们在想些什么，而且正如我们在本章前面的部分所了解到的，他们费的心思比我们想象中的更多。也就是说，人们不仅会比我们想象中更容易感受到我们的存在，而且会观察我们在做什么、猜测我们这么做的原因和我们的想法。只要我们在场，这个想要了解我们的过程就会导致对方的想法与感受发生变化。这个过程不仅会影响其他人对世界的体验，也会改变他们的心理。

## 听众的力量

当年申请就读研究生时，我申请的其中一个专业是我大学本科时的母校布朗大学所设的心理学系（现在已更名为"认知、语言与心理科学系")。很幸运我被录取了,紧接着我收到了此前教过我的一位老师发来的一封暖心的邮件,她告诉我她记得我多年前曾经上过她的课。其实她所说的这些课,大多数都是讲座,也就是说当年我就座的教室里还有50多名其他同学,我坐在其中某一排,而且极有可能是比较靠后的位置。我敢说当时我听得非常认真,她讲课时我也会频繁点头,但我也同样确定我在她的课上从来没有发过一次言,因为那时候在课堂上发言对我来讲是件太令人紧张的事情了。可就算是这样,她竟然记得我。

我现在也当老师,在容纳着200人的讲堂中讲授自己的大课。当年我的老师能在茫茫人海中记住我的脸,现在回过头来看,我已经不像当年那么惊讶了。当我们坐在人群中时,很容易觉得自己隐匿其中,我们自以为就算专心地盯着屋子前面的人看,对方也不会看到我们。可事实并非如此,他们看得到。相信我,学生们做什么我都一目了然,只是他们并不知道。

同样,舞台表演人员也有过许多因为观众的行为大为恼火的时刻,很多观众自以为台上的人看不到他们的所作所为。我的表妹埃丽卡·劳尔是一名从业多年的歌剧演唱家。她给我讲述过在试演时想要不被台下的观众干扰有多难。比如说有的观众会在台下吃午饭,弄出很大动静,然后会把纸袋揉成一团,划过半空扔向房间另一端的一个垃圾筐。（尽管发生这一切的时候她正在表演中，但她依然清晰地记得台下这家伙没有命中垃圾桶——显然，他怎么可能投得中。）多年前，托尼奖得主、百老汇的超级巨星帕蒂·卢蓬曾因为对一名观众失去耐心的事情登上了新闻头条。整个表演期间，这名观众一直盯着手机，帕蒂·卢蓬最终忍无可忍，冲下舞台将手机从这名观众的手中一把夺下。[11]

如此说来，这是否意味着当你从人群中满眼崇拜地望向舞台时，你最喜爱的男子乐队成员就只是在为你而唱呢？恐怕不是。但这些事例的价值在于它向我们展示了影响力中人们不常意识到的一个方面：影响力是双向的。我们倾向于认为站在教室前面的那个讲话的人，是那个具有全部威势和影响力的人。不过正如见解独到的单口喜剧演员汉娜·盖茨比（她在网飞播出的特别节目《纳内特》广受好评，后来还出了令人捧腹大笑的喜剧《道格拉斯》）所说，并不是"谁拿着神奇的麦克风放大自己的声音，别人就得听"。[12]

实际上，站在台前的那个人与其他人一样，也有同样的担心——他们想知道别人是如何看待他们的，希望自己受人喜爱，渴望感受到自己的价值。如何才能做到这些呢？他们会关注面前的受众，与他们建立连接，并且很多时候会讲一些受众想听的话。

像盖茨比一样的喜剧演员特别懂得如何将手中的素材按照观众的喜好进行演绎。创作了喜剧特别节目《单身黑人女性》(*Single Black Female*)的玛丽娜·富兰克林在谈及如何才能知道自己的哪些段子效果比较好时，曾这样说："不站到观众面前的那一刻，我自己都不知道。"[13] 在纪录片《喜剧演员》(*Comedian*)中，杰瑞·宋飞告诉台下的听众他要来测一测新写的段子时，是这样说的："你们相信吗？我们那些精彩绝伦的内容是否受欢迎，生杀大权是掌握在你们手里的。"[14]

渴望受众的认可不只见于喜剧演员，或是我们接下来要讨论的政客。它是人的天性。而这一点会赋予受众极大的权力。我们只需要专心地听人讲话，做一名投入的听众，就能够影响发言人决定如何谈论某个问题，甚至最后，改变发言人对这个问题的看法。

想一想有多少在我们眼中权倾一时的风云人物，在支持者面前雄赳赳地抛出的那些极端言论，换到不那么热烈的听众面前时，转而会以柔和的腔调出现。有多少新闻头条报道过大放厥词的政客，为了取悦他们的选民，不惜发表饱受其他受众谴责的言论？在 2016 年的一场面向 LGBT（同性恋、双性恋、变性人等群体）人群的筹款晚宴上，希拉里·克林顿把特朗普一半的支持者称为"一群无耻之徒"。[15] 2012年，在一名对冲基金经理举办的5万美元一张入场券的筹款活动中，米特·罗姆尼在言语中轻蔑地把47%的美国民众描述成"以受害者自居"的人。[16]如果希拉里·克林顿或米特·罗姆尼面对的是更广泛的普通受众，他们还会使用这样的言论吗？不大可能。事实也是如此。后续当媒体关注到这些言论时，也就是播报对象会成为更大范围的人群时，这两名政客纷纷改口，调整了自己的措辞。

与喜剧演员一样，政客取悦听众的行为也很容易让人觉得没什么稀奇。毕竟他们这么做有充分的动机——努力获取身边尽可能多的支持、争取身边的每一张选票。然而，取悦受众是人们的一种普遍行为，喜剧演员与政客不过是表现得更为极端罢了。每个人在措辞的时候都会试图去迎合自己的受众，无论是面对着一屋子陌生人致辞，还是与亲密的好友一对一闲聊。面对明知会赞同自己的朋友时，我们更敢于激进地表达见解，但在陌生人面前，我们不确定对方的想法，因此在表达上会更加收敛。心理学家把这种现象称为"听众微调效应"。[17]人们会出于各种各样的原因，自然地调整自己向受众传达信息时的表达方式，有一些是出于务实的考虑，有一些是为了表达亲善，有一些则是为了服务于个人利益。

第一章
不易察觉的影响力

即使在没有明显动机的情况下，"听众微调效应"依然存在。举一个经典的例子。在波士顿的大街上，假设有陌生人前来问路，如果这个人操着密苏里农村地区的口音，他得到的指路信息会比操着波士顿当地口音的人获得的信息更为详尽。[18] 乍一听，这个结论似乎显而易见。人们当然会给外地人做出更详细的指引。但让我们来仔细回想一下这个行为发生的复杂过程。哥伦比亚大学的荣誉退休教授、心理语言学家及社会心理学家鲍勃·克劳斯（Bob Krauss）指出，这个行为的发生具体需要分三步：第一步，根据一条简单的信息（问路人的口音）来判断这个人所属的社会范畴（即"本地人"或"外地人"）；第二步，推断来自这个社会范畴的人可能会掌握哪些信息（他们知道"马萨大街"①吗？）；第三步，根据上述判断给出适用于这个人的信息（"你会看到马萨诸塞大街就在你的右手边"）。[19] 我们常常会不自觉地完成这一整套分析的过程，仅仅是为了让对方听懂我们的话。

当然，我们对信息做出加工与调整还有别的原因，其中一个主要原因在于我们希望别人能够喜欢我们（或是爱听我们讲的笑话，或是愿意为我们投上一票）。人们倾向于喜欢与自己

---

① 马萨诸塞大街的简称。——译者注

观点一致的人，这应该算不上社会心理学家最令人意外的发现，但它却是最确凿的发现之一。[20] 在某种程度上，我们其实都承认这一点。也正是因为这一点，我们不仅会让自己所表达的内容更贴近于听者有可能熟悉的领域，也会试图去迎合对方可能会持有的观点。如果我知道昨天晚上我去吃晚饭的地方是你最喜欢的一家餐馆，我很有可能会对这里的饭菜大加赞赏，但如果我知道你对这家餐馆并不太感兴趣，我可能不会对这里做过多评价。说到底，我们都希望被人喜爱，而与人建立共同的兴趣爱好恰是达成这一目标的一种方式。

有一个经典的实验对这种现象进行了研究。被试需要在听取一段关于大麻合法化的演讲后，把大麻合法化的利弊总结给支持者或反对者听，并且被试知道听者的立场。尽管这段演讲毫无疑问持中立态度，但被试在为反对者做总结的时候，称这段演讲的观点更倾向于反对大麻的合法化，而为支持者做总结的被试并没有表述这样的观点。[21] 值得一提的是，大家都认为这些被试讲述的并非自己的看法，而仅是在总结别人的观点。可即便没有明确的迹象表明这些被试表达的是自己的见解，他们仍然会以有可能取悦听者的方式对信息做一些加工。从这项研究中很容易看出，各种信息，包括意见征集与调研结果等，是如何在取悦不同受众的过程中出现失真的。

## "随口说说而已"

现在我们知道，听众拥有一种无形的力量，能够根据信息传达者对听众在认知、信仰及观点上的判断，重塑信息的呈现角度。然而这种力量的作用不止于此。它不仅会影响信息呈现给听众的模样，还会影响信息在传达者眼中的可信度。你可能会觉得当人们表现出"听众微调"的行为模式时，单纯是为了取悦他人，因为你并不认为他们真的相信自己所说的话。没错，人们一开始说了什么，可能自己也不大相信，但事实证明，一旦他们这么讲了，就会从某种程度上开始信了。

2017年，《每日脱口秀》(The Daily Show)节目的主持人特雷弗·诺亚作为节目嘉宾来到塞斯·梅耶斯的《塞斯晚间脱口秀》(Late Night with Seth Meyers)节目时，这两位喜剧演员开起了唐纳德·特朗普的玩笑，吐槽他一开始为了掀起选民的狂欢放出的豪言壮语后来是如何赶鸭子上架变成了态度强硬的施政纲领的："'建一堵墙'当时只是随口说出的一句玩笑，但他现在发现，天哪，他真的需要'建一堵墙'了！"[22]尽管听起来荒诞可笑，但这种现象确实会发生，这只是一个极端的例子而已。发言人为了迎合听众讲了一些话，听众反响热烈，于是转身离场时，发言人已经与听众一样对自己所说的话深信不疑了。

我的博士生导师、哥伦比亚大学的社会心理学家托里·希金斯（Tory Higgins）针对这一现象所做的一些研究实验，算得上是这一课题中最知名的实验了。人们恰如其分地把这一现象称为"说出即相信"效应。在一项被我们实验室称为"唐纳德实验"[①]的研究中，被试获得了一份关于一个叫唐纳德的虚构人物的特征描述，这些描述既可以理解为正面描述，也可以理解为负面描述，也就是说它没有明确的指向性。[23] 举例来说，描述中指出，唐纳德给人的感觉是他不需要依靠任何人。从这条描述来看，你可以认为唐纳德是一个具有独立精神的人（这是一种更为正面的解读），也可以认为他是一个冷傲孤僻的人（这是一种更为负面的解读）。还有一条描述，称唐纳德一旦做好决定便极少会改变主意。你可以理解为他勇于坚持自己的原则，也可以理解为他冥顽不化。总之，无论你认为唐纳德是个独立自主、不屈不挠、充满自信、值得信赖的人，还是认为他是个冷漠孤僻、闭目塞听、狂妄自大、忠奸不辨的人，同样都是合情合理的。

读完这些指向性不明的描述之后，被试需要把唐纳德的性

---

[①] 选用这个名字纯属巧合，这项研究开展于20世纪70年代，人们在许多年后才发现它与唐纳德·特朗普的高度契合。——作者注

格特点总结给某些人听，这些人有的喜欢唐纳德，有的不喜欢。如果被试以为对方喜欢唐纳德，那么他对唐纳德性格特征的描述会更偏向于正面解读，反之则相反。鉴于我们此前谈到过"听众微调效应"，出现这个结果并不令人意外。

但这项研究更有意思的部分在于，当被试与听众完成信息交流之后，研究人员询问了被试自己认为唐纳德是一个什么样的人。尽管每名被试读到的都是完全一样的模糊描述，负责与喜欢唐纳德的人进行沟通的被试和负责与不喜欢他的人进行沟通的被试相比，前者会认为自己更喜欢唐纳德。两周之后，当实验人员把被试召集回实验室，再次询问他们对唐纳德的看法时发现，两周前的效果依然存在。

让我们仔细回味一下。给到这些被试的完全是中立的信息，然而他们离开实验室的时候却显然有了自己的看法，而且这样的看法持续了数周。此外，如果说他们认为唐纳德是个浑蛋，也并不是因为有谁去蛊惑了他们，因为毕竟他们才是与对方就此信息进行沟通的人。其实只是因为他们对交流对象希望听到什么样的话有一个判断，然后为了迎合对方，将需要传达的信息做了有针对性的调整，最后连自己也相信了自己说的话。

试想这对传统意义上我们所理解的权力与影响力意味着什么。人们常常认为，能够让别人做到对你"洗耳恭听"是一个人具有影响力的一种表现。但我们反过来问问自己,当你"愿闻其详"时,是谁掌握了你耳中所听到的信息?是谁在编派你关心的事物?因为这一点同样重要。

充分利用作为听众的力量是施行影响力时的一种行之有效但又未能得到重视的策略。当你邀请别人与你对话时,你就掌握了作为他的听众时与生俱来的力量,能让对方想要争取你,甚至有可能在这个过程中让对方信服你的立场。

权钱阶层其实已经在应用这种策略了。希拉里·克林顿在总统竞选期间确实因为自己的言论遭到了强烈的抨击,但实际上,是华尔街的各大银行与强势的政府承包商花了20万~60万美元不等的费用让她做了代言,而这些势力却个个深谙受众影响力的驾驭之道。从泄露出的希拉里给高盛等机构的讲话文本中可以看出她是如何通过调整讲话内容来迎合自己的演讲对象的。在提及不受华尔街待见的立法改革问题时,希拉里使用的措辞"远比她在自己的竞选游说过程中所使用的言论柔和"。[24] 在接下来的总统竞选过程中,希拉里的演讲所遭受的大多数批评主要集中在她背后所接受的巨额赞助——人们认为接受如此巨额的赞助会导致她对这些机构的利益负有不可推脱的义务。不过,基于我们之前的讨论,花钱请某个有权势有地位的人,或是未来有可能执掌大权的人来与我们对话,绝不是要与对方唇枪舌剑一番这么简单。这是一种策略，是一种能够令对方考虑我们的想法、讲我们想说的话，并把对方所持的观点向我们的立场拉近一些的方式。而最后，这种方式也会令他们的真实想法发生切实的改变，最终趋同于我们的立场。

## 效仿的力量

彼得·布朗的《神奇的花园》是我女儿最喜欢的书之一。这本书讲的是一个叫利亚姆的小孩在一座灰蒙蒙的阴郁城市中发现了一片废弃的花园之后，开始不声不响地照看这片花园的故事。在全书的大部分内容中，我们看到的人物只有利亚姆一个人：利亚姆发现了一个花园，利亚姆在修剪花枝，利亚姆日复一日走进花园精心打理它。故事一直以这样的节奏展开，以至我们从未停下来想一想别人对忙来忙去的利亚姆会作何感想，就好像我们极少会注意到别人是否关注过我们一样。

随着时间的推移，利亚姆的花园不断生长、向外蔓延。他的花花草草开始在一些意想不到的地方出现，成为生活中一片片色彩斑斓的小小绿洲。利亚姆就这样，用他微不足道的力量开始了对一座城的改造。故事到此本可以轻松收尾了，因为利亚姆用他微薄的力量打破了城市的荒芜，这件事本身就已经足以让我们欢欣鼓舞了。然而故事并没有结束。在故事接近结尾的部分，我们才发现原来我们并不是唯一在看着利亚姆倾情付出的人。当我们把目光的焦点从利亚姆的身上拉远放大时，我们看到有一队小朋友跟在利亚姆的身后，抱着浇水壶，拿着小工具，人人都在勇敢地开垦与照料着一小片自己的花园。超出我们想象的不仅是利亚姆蓬勃生长的花园，还有打理花园这件事被人们广泛效仿的程度。就像布朗所写的："最令人惊异的，是不断有新的小花匠出现。"[25]

这本书最后一页的画面与故事开篇时一样，展示的是利亚姆所在城市的全景视角，但画面已经完全变了，从一个死气沉沉、毫无光彩可言的工业地景变成了绿地遍布的城市景象。放到整个背景下来看，利亚姆的努力对整个城市的直接影响可以说微乎其微。但他的行为所产生的间接影响，也就是他的行为在人们纷纷效仿之后促成的集体性成果，却是不可估量的。

这种人的行为像传染病一样一传十、十传百的现象被称为"行为传染"效应。几个世纪以来，这个概念已经被书写过多次了。很多专家学者都曾观察到不同人群中各种行为的"暴发"，比如吃东西的习惯、流行的风格，甚至自杀行为，并且将其归因于人类习惯于对所见的事物进行模仿的倾向。用疾病的传播来类比人类的这一行为非常直观，不过人与人之间的行为传播过程实际上更为复杂。[26]对疾病来说，人们只要暴露在被感染人员的周围就有可能被传染，不论这个人你是否认识。我们把这个过程称为"简单传染"。但是，你不太可能从公交车上的某个陌生人那里"感染"上某些风险较大或成本较高的行为，比如在家里安装一个太阳能电池板。诸如此类的行为如果要获得传播，通常需要进行多次接触，而且往往会发生在你所在的圈子里。这也正是公交车上的陌生人不太可能勾起你安装太阳能电池板的欲望，而你却会因为邻居这么做了而跃跃欲试的原因。

康奈尔大学的经济学家、著有《影响力之下：让同行压力发挥作用》(*Under the Influence: Putting Peer Pressure to Work*)等多本书的作者罗伯特·弗兰克曾用了很大篇幅分析行为的传染模式，并认为深入了解这样的行为模式对于解决气候变化等问题具有重要意义。据弗兰克所说，某些对气候非常友好的行为是"极其具有感染力"的。他最喜欢的例子之一就是关于太阳能电池板的安装。弗兰克指出，"每次在某个居民区有人新安装了太阳能电池板后，不久就会有更多的太阳能电池板在此出现"。[27]航空遥感图像甚至可以直观地呈现太阳能电池板的传播现象，清晰地显示装有太阳能电池板的住户呈扎堆出现的倾向。

行为传染的现象对你及你的影响力来说意味着你的每一个

举动，无论是安装太阳能电池板，还是举办一个旅行婚礼，实际都会产生双重作用。一重是直接作用。当你安装一块太阳能电池板时，它所产生的直接作用就是降低了你自己的碳排放；反过来看，当你邀请了一个百人团飞到夏威夷参加你的婚礼时，你就对在此过程中产生的碳排放负有直接责任。但总的来说，这些行为所产生的直接作用并不大。一块太阳能电池板，抑或任意一场婚礼对气候变化所起的作用可以说微乎其微。对于希望为社会做一点好事的人来说，这个事实颇有些令人沮丧，而且当人们做的某个选择可能造成负面影响时，人们反而有可能从整体的角度来看待自己的微末影响，心生"既然如此，又有何妨？"的念头。

然而，我们的行为所带来的第二重影响或许更加值得关注，那就是会令影响范围呈指数级增长的间接影响。当你安装了一块太阳能电池板时，没错，你减少了自己的碳足迹。不仅如此，你还增加了你的左邻右舍纷纷效仿，也给自家安装太阳能电池板的可能性。[28]当你决定举办一场旅行婚礼时，这个决定从碳排放的意义上来讲算是一次无伤大雅的放纵。但是你的这个决定可能会导致你圈子里的其他人也选择旅行婚礼的形式，而前往参加他们婚礼的宾客也极有可能转而给自己办一场这样的婚礼，以此类推。如此看来，当初你的那个决定所带来的影响便不可小觑了。考虑到我们的个人行为具有引发大规模效仿的可能性，无论我们承认与否，那些看起来无关紧要的个人选择似乎开始有了分量。

尽管如此，我们的行为中往往被忽视的反而是这些影响更为深远的间接作用。正如我们在本章中所了解到的，我们倾向于低估别人对我们的关注程度，低估别人对我们的思想与行为的好奇程度。这意味着我们同样会低估那块支在后院的太阳能电池板会吸引多少邻居的目光。当我们的邻居突然发现它的存在时，就像人们发现利亚姆的花不经意冒出来一样，会在脑中模拟我们这个决定的形成过程，然后自己也会开始考虑是否需要做同一件事。换句话说，我们的行为会被人看到进而被人效仿，这样的间接作用是影响力中最大的一个部分，而我们往往忽略了它。

## 去露个面吧，你会不虚此行的

我们会本能地建立与他人的联系——关注他们、记住他们、猜测他们的意图、调整自己的言行、效仿他们的做法。但同时这也意味着别人也在向我们的节奏靠拢，表现出趋同于我们的行为。当我们思考自己到底有多大的影响力时，我们犯的

顺　从

第一个错误就是低估了别人对我们的关注程度。我希望本书能够扭转这种错误的观念，让大家从各个角度了解，我们的存在本身就具备一种力量，能够让我们在不知不觉中改变身边人的所思所想、所感所行。

总之，只要你到场，或者说只要你愿意"坐到桌前"，即使一言不发，你也会对别人造成不小的影响。举个例子，在我任职的大学里，我们常常需要进行各式各样的学术评估，以便能够做到与时俱进，并确定哪些教研项目的改革对学生与教研团队有益，值得一试。在这些评估的过程中，我们会召开不计其数的碰头会，教研团队也会应邀加入讨论，发表自己的见解。会上发表意见的主力以及最具主导性的人往往都是年长一些的资深教员，这并不稀奇。毕竟在他们眼中，自己是那个可以建言献策、有所贡献的人。当然，事实也的确如此。他们在自己的领域耕耘多年，也常常在学校担任领导职位。对于什么奏效、什么不奏效，他们都见多识广，具有足够的大局观，也能够预见某些初衷良好的建议会不会带来事与愿违的后果。

但问题是这样的：会上提出的诸多建议影响的不仅是这些德高望重的终身教授。受到影响的还有资历较浅的非终身教职人员，他们在怀疑自己是否有必要来参加这些会议，因为他们并不认为自己能够提供什么有建设性的意见。大多数时候，这也是事实。很多时候，那些需要解决的问题正是他们依旧在研究学习的问题，因此想必他们也无法给出完整的解决方案。既然如此，如果他们最终也不会发表太多的见解，那么出席这样的会议能够起到什么作用吗？

答案是肯定的。我们之前讲过，只要出现在房间里，你的存在就会令结果大不相同，因为发言的人与听众之间会相互影响。别人看到你，就会为你调整信息，并且希望了解你对他们所说的话有什么样的反应。这一系列过程最终有可能改变他们对某个问题的看法与感觉。如果你有自己的想法和见解，应该说出来（这一点在下一章中会谈到）。但如果你没有想要表达的观点，仅仅作为一名听众出现，也可以发挥作用。所以，下一次当你犹豫是否需要出席某个活动时，记住我们在本章中所说的内容，然后去露个面吧。有可能最后你会对人们探讨的问题产生影响，并将最终的结论朝着更为积极的方向引导，即便你无须开口讲一个字。

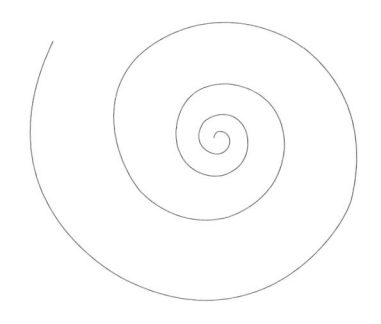

# 第二章
## 你的说服力

你觉得与其他人相比，谁参加的聚会比较多？谁有更多的朋友？谁的人脉更广？谁与家人团聚的时间更多？谁更接近社会群体中的"核心圈子"？

康奈尔大学的社会心理学家塞巴斯蒂安·德里（Sebastian Deri）与同行沙伊·戴维达（Shai Davidai）和汤姆·季洛维奇先后在11项研究中采访过3 000多人，询问上述问题。[1]受访人员中有商场里的顾客，有校园里的学生，也有通过网上问卷给予答复的人。在其中一部分研究中，受访人员的平均年龄为19岁，在另一部分研究中，受访人员的平均年龄为37岁。不同年龄段、不同人口结构的采样结果显示，人们普遍认为自己参加的聚会、身边的朋友、外出就餐的频率、探望家中长辈的次数都不及身边同类型的人，而且与他们相比，自己更像被某些"小圈子"排除在外的人。换句话讲，远离父母的在校学生身处各种男女生的小团体中，他们会认为自己在社交方面没有其他同学活跃。与此同时，35到40岁之间的中年人奔走于生活与工作之间，也认为自己比同龄人的社交活动少。

一直以来，研究人员似乎总能发现人们又在哪些方面表现出了莫名的自信。如今我们知道，一般人总会认为自己比别人的运动能力更强[2]、道德水平更高[3]、奇思妙想更多[4]、车技也更胜一筹[5]（这一点，我必须指出，恐怕并不尽然）。虽然我们可以拉出一个长长的清单，列举人们在哪些情况下会表现得过分自信，但近年来的研究发现，在某些方面，比如如何赢得朋友的青睐、如何发挥自己的影响力等，人们对自己能力水平的认知呈现一种不同的倾向。

在解读德里的研究结果时，我们可以确定的一点是，一般人的社会活动并没有处于社会的平均水平之下。认为自己在社交方面不如别人，与认为自己在路上开车"技高一筹"一样不合逻辑，因为事实往往与之相反。人们在评估自己的社交能力时显然犯了一些错误。可是，既然人们觉得自己更聪明、更有德行、更有创意、更懂开车，也就是说在上述种种情形下都会自我感觉良好，为什么会在社交能力上显得不够自信呢？

德里与他的同行通过人们在诸多行为类别的正态分布图上所处的位置来进行解释，分析哪些人在哪些事上的行为最为突出。举例来说，如果我问你开车技术怎么样，你很可能会从自己的驾车经验中寻找答案。你会回想起上一次你手握方向盘时，是如何果断、冷静地穿梭在（此处插入你所在的区域里那条到处都是横冲直撞开飞车的人所经过的路）。你会想要拍拍自己的背，为自己了不得的驾车操作得意一番。

的确，当德里与他的同事询问受访者是如何回答一系列非社交类的问题时，比如如何判断自己的词汇量（而不是社交圈子）比别人大还是小、做饭（而不是外出就餐）的次数比别人多还是少，受访者称他们往往会从自身的特点、能力与行为出发来思考问题。结果显示，德里研究中的这些受访对象在非社交类的问题上，也表现出典型的过度自信，比如他们认为自己的词汇量高于多数人，下厨的次数也比一般人多。

相反，当我问你一些关于社交活动的问题时，你的关注点往往会从自己身上向外转移到别人的社交生活中。毕竟，在社交这个概念中，别人是非常重要的一个部分。事实也是如此，德里的受访者称在这部分实验开始时，被问及社交类的问题时，他们确实是这样思考的。举例来说，为了确定相对来讲自己的社交半径有多大、外出就餐的频率有多高,受访者称他们更倾向于通过别人的性格特征、行为与能力进行判别。

但是请注意,在这个思考过程中,我们的对标对象可不是随便什么人,而是在谈及社交这个概念时,最先在我们脑中出现的人。换句话说,当我们评价自己的社交生活时,我们脑中往往会出现一些社交达人并与之进行比较,而社交达人,顾名思义,就是在与人交际时称得上如鱼得水的人。我们会想到当我们在宿舍里独自学习的时候,那些在走廊另一端的聚会上大杀四方的人,或是我们蜷缩在沙发一角,翻看别人在演唱会或聚会上所拍摄的照片时的样子。但与此同时,我们并不会想到那晚在聚会大厅的另一头,还有许多同样蹲在宿舍里苦读的人,也不会想到当我们在翻阅别人的照片时,同样也有许多宅男宅女正与我们做着同样的事。因此,我们认为我们不善交际,是因为我们没有把自己与普通人相比,而是把八面玲珑的交际能人当成了标杆。

这些比较对于我们的研究有重要意义,因为这是我们评估自己的说服力时需要考虑的因素。当我们想要衡量自己所具备的影响力时,我们往往会联想到社交媒体上的红人、时代潮头上的先锋、思想精神上的领袖、手眼通天的权威泰斗,总之是具备巨大影响力的极致人物代表。这些人的影响力我们必然难以企及，但它不妨碍我们得出自己影响力不够强大的结论。然而，没有接到纽约大都会艺术博物馆慈善晚宴的邀请函并不意味着你的社交活动低人一等，同理，你的推特没有火爆全网，或者你的照片墙账号不足 10 万粉丝，也并不能说明你的影响力上不得台面。因为大部分人都没有收到过那份请帖，大多数人的推特也没有什么水花，而且大多数照片墙账号也没有 10 万粉丝。

这还意味着，我们之所以低估了自己的影响力，另一个原因是我们低估了自己与这个社会的关联度。用营销界的话来讲，你的"触达"范围比你想象的大。这一点不仅体现在现实生活中，同样也体现在社交媒体中。2013 年有一个题为"你在推特上算个人物，你知道吗"的表，对每个推特账户下的粉丝数量进行分析，发现粉丝数量的中位数为 61（此处不含前一个月内没有发布过任何推特动态的账户，如果将上述账户全部包含在内，这个中位数会降低为 1）。[6] 的确有相当一部分推特账户拥有几万、几十万甚至更多的粉丝。如果一个拥有 1 000 名粉丝（数量已经很可观了）的推特用户要把自己与这些账户相比，那么他的影响力显然会相形见绌。然而事实是 2013 年这份分析完成时，如果按粉丝数量进行排名，拥有 1 000 名粉丝

顺 从

的账户已经可以排进所有推特用户的前 4% 了。①

不过这些分析并没有把社交媒体用户对于自身影响力的心理感受考虑在内，为此我和我的研究生裴相雅（Sangah Bae）做了一些研究来对这个层面进行分析。我们借鉴了德里的方法，从脸书、照片墙、推特、色拉布、领英、抖音等社交媒体平台上先后抽样选取了一些在校生以及已经参加工作的成年人，询问他们这个问题：与这份问卷的其他受访者相比，你们觉得谁更具影响力、好友/粉丝更多、网上互动更频繁？答案印证了德里与他的同事们得出的结论：在我们的研究中，人们普遍认为自己在社交媒体上的影响力比其他受访者小。

近期的研究已经开始形成这样的共识，那就是我们在评判自己的某些个人特质时会表现得信心不足，比如我们的社会关系构建能力以及后续我们会谈及的受人喜爱的程度。这样的偏见不仅持续助推了自我提升类行业的蓬勃发展，也说明我们可能低估了自己的说服力。颇具讽刺意味的是，这种自我的认知

---

① 由于 2013 年对于推特来讲，算是一个久远的年份，因此有必要在此说明一下，近年来的分析报告也给出了类似的结论，不过它的数据分类方式不同：皮尤研究中心（Pew Research Center）的斯蒂芬·沃伊西克（Stefan Wojcik）与亚当·休斯（Adam Hughes）在 2019 年出具的一份推特数据分析报告指出，在推特发布信息量居前 10% 的用户中，其粉丝数量的中位数仅为 386〔《推特用户数据评估》（Sizing Up Twitter Users），2019 年 4 月 24 日，http://www.pewreserch.org/internet/2019/04/24/sizing-p-twitter-users/〕。——作者注

偏差可能会导致我们为了获得自己本就拥有的影响力不惜采取一些激进的措施。这一点在本章后面的内容中还会提到。

## 他们喜欢你，不必怀疑

学术圈里有一些活动对性格内向的人来说是非常令人煎熬的，可是学术界的许多人，包括我自己，往往属于这样的性格。其中一种活动就是学术报告。你可能会想：确实如此，在满屋子同行和德高望重的学术行家面前发表讲话，任谁都会有些发怵。然而，实际上发表讲话本身往往不是最令人头疼的部分。讲话内容通常都经过了多次演练，人们对演讲者与听众的反应基本都有稳定的预期，而且演讲时通常还有幻灯片可以依靠。

最令人头皮发麻的部分往往是演讲前后需要做的事情，至少对我来讲是这样。邀请业内同人来做实地访问的初衷是要去了解他们、了解他们的研究，但对受邀人员来讲，这同样意味着他们也需要去结识主办单位的相关人士与他们的研究项目。因此，为了让每个人都有机会与别人相互了解，受邀而来的主讲人通常会在演讲当天之前或之后，花一整天的时间与某个系的教职人员分别进行接二连三的、一对一的交流。你会被带到一间办公室，与对方互道您好，然后坐下来聊30分钟，之后会被带到下一间办公室，问好、就座，再聊 30 分钟，循环往复。基本上可以说这是一次学术上的速配约会，而且会持续一整天。

不同于做演讲，与不太熟悉的人进行一对一的交谈并无明确的范式。我在这样的会面中曾东拉西扯过很多话题，从研究课题到家庭介绍，从业内八卦到宗教信仰，甚至还聊到过摇滚歌手大卫·鲍伊。这简直是腼腆之人最恐怖的噩梦：在一个需要给对方留下基本印象的场合中，被迫与不认识的人进行交流，对于哪些话题才算得上妥帖，没有任何指导可依，更别提这个过程会一遍又一遍地重复了。

这种"速配形式"的交谈一开始会让人感到尴尬，这并不奇怪。但让人意外的是随着对话的进行，我们会逐渐变得自在起来。当我们经历过足够多这样速配式的交谈之后，我们会发现，无论你觉得自己是否喋喋不休，是否表现得不够风趣诙谐，是否说了什么怪话、错话、蠢话，总体而言，交谈结束之后人们往往会感觉良好，而且对对方也有不错的印象。

这并不是学术造访或是其他逃不开的活动中特有的奇怪现象。任何时候当我们结束一次对话后，回顾起自己在这个过程中说错的每一句话与每一个表现不够自然的瞬间时，我们对自己恐怕都过分苛刻了。其实我们留给别人的印象往往比自己想象中更好、更自然。只是我们很少能够在离场后知晓别人对我们的看法，因此在陷入没有给别人留下一个好印象的焦虑中后，也没有机会释怀。幸运的是，埃丽卡·布思比与她的合作伙伴格丝·库尼（Gus Cooney）、吉莉安·桑德斯特仑（Gillian Sandstrom）、玛格丽特·克拉克在研究中发现一种现象，称其为"喜爱差距"，[7]我们为此要再一次感谢她们。

这几位研究人员采用了一个简单的方法：她们邀请了几对互不相识的被试来到实验室，要求每对人员进行5分钟的交谈。为了让每个人都能尽快进入角色，研究人员并没有任由被试自由发挥，而是给了他们一张纸，上面提供了一些暖场话题，比如"你是哪里人""你有什么爱好"等，让双方轮流询问对方这些问题。这样的做法更有利于研究人员得出准确的结论，因为被试不必经历真实的对话场景中可能出现的尴尬局面，比如需要没话找话或是努力避免冷场等。所以总的来说，被试理应对自己在对话中的表现感到满意。

然而，这与研究团队的实验结果并不一致。对话结束后，研究团队把每一名被试单独带到一个房间中去完成后续的问卷，问卷调查的是他们对交谈对象的喜爱程度（例如"下次还愿意跟他一起互动吗""有可能会与对方成为朋友吗"），以及他们认为对方对自己的喜爱程度（例如"对方下次还愿意跟我一起互动吗""对方愿意与我成为朋友吗")。结果显示,在多数被试的眼中,对方比自己更令人喜爱。在喜爱程度的评分上,他们给对方打出的分数显著高于他们预期中自己在对方眼中的印象分,差异高达 12.5%。

在接下来的研究中,研究人员允许被试进行 45 分钟的闲聊(的确也有人聊了这么久),由此来观察"喜爱差距"的现象在长时间的交谈中是否还会存在。结果显示,答案依然是肯定的。无论你是在超市收银台排队结账时的几分钟内与人聊天,还是与同事嬉笑怒骂打岔逗趣了足足 30 分钟,事后对方对你的喜爱程度惯常会高于你的预期。

这几位研究人员就此现象还发现了一些有趣的细节。首先,她们发现性格腼腆的人会表现出更大的"喜爱差距",这一点并不令人意外。所以,如果你对社交活动感到特别不安,你其实已经比自己想象中表现得更好了。

其次,她们发现看过那几对被试交谈视频的第三视角观察人员能够看得出视频里交流中的两个人有多喜欢对方。这些中立的观察人员可以找出两个人在交谈过程中流露出的哪些微妙迹象能够表明他们喜欢对方,但这些细节被试自己似乎并没有捕捉到。按照研究人员的解释,交谈是一件在情感上、认知上都对人要求极高的事。如果你是参与交谈的一方,你的注意力会集中在如何清楚地表达自己的想法上，同时还要忙着梳理接下来要讲的内容。因此，你有可能会忽略掉你的交流伙伴发来的赞许的信号。但是对于坐在一旁把一切都看在眼里的旁观者来说，这些无疑都是积极的信号。

这对于理解我们的影响力非常重要，因为从影响力与说服力的研究中得出的一个重要结论就是人们更容易信服他们所喜欢的人。实际上，《影响力》（*Influence*）一书的作者罗伯特·西奥迪尼（Robert Cialdini）也将其列为了说服力的六大原则之一：喜好原则。[8] 如果我们觉得某个人特别酷，有着有趣的灵魂，当他推荐我们关注某个他正在听的播客时，我们很有可能会这么做，而如果这个播客是由一个我们不那么喜欢的人来推荐的，我们恐怕会无动于衷。这个原则或许并不令人意外，但它非常重要。它意味着我们对别人有多大的影响力，在某种程度上取决于别人有多喜欢我们，而我们知道，在判断别人是否喜欢我们这件事上，我们并不拿手。要知道，人们比我们想象中更喜欢我们，也就是说我们比想象中更有影响力。

低估别人对我们的喜欢程度导致的一个结果是我们会认为别人并不愿意听我们想说的话，尽管事实并非如此。我们小心翼翼，如临大敌，对想说的话字斟句酌，在掌握了足够的事实依据之后，才敢大声说出来。而在现实中，正如下一节内容中

顺　从

所述，我们其实可以放轻松一点。

## 为什么我们会过分担心自己说错话

在这个道德审判甚嚣尘上的年代，我们在表达意见时很难做到不如履薄冰。我们以为我们所说的每个字都在别人的严密剖析之下，仿佛身边人人都能随时扑上来，长枪短炮向我们说的话开火。不可否认，这种现象在社交媒体出现之后正在愈演愈烈。耶鲁大学的心理学教授莫莉·克罗克特（Molly Crockett）指出，社交媒体成了道德谴责系统性发生的助推器。[9] 但这种现象在日常生活中却不多见。人们通常不会在意你说的每个字，也不会对你虎视眈眈。相反，研究表明人们往往倾向于认同你，而不是反对你说的话。

首先要了解的是，你说的大多数话，人们其实并没有听进去，也没有记住。用心理学家的话来说，人们是"认知上的小气鬼"。我们会用最省力、最高效的方式来理解这个世界，仅仅在必要时或有充分的动机时，才会认真去思考。按照科研人员的估算，你对人们所讲的话中，人们仅能记住10%，即便在你们刚刚交谈过的情况下也不例外，[10] 而且人们能够记住的往往是你所说的大意，并非具体内容。[11] 这一现象并不意味着你需要加倍努力去触动别人，而是在许多情况下，你其实没有必要那么担心自己是否说了不该说的话，因为它不妨碍你的影响力。

举例来说，许多十几岁的孩子欣喜地发现，当父母的注意力被接听中的电话带走时，向他们请示可否在规定时间之后回家，父母常常会顺着他们的话随口应和，并没有走心。再来看哈佛大学的心理学家埃伦·兰格（Ellen Langer）与她的同事所做的一项经典研究：在一个大学的图书馆前有一队人正排队使用复印机，研究人员请被试前去请求插队。[12] 其中一种情况下，被试向队列中的人做了一串长长的解释，说明自己需要插队的原因："打扰您了，我只有5页需要复印，而且我时间比较紧张，可否让我先来？"听起来合理，这个人赶时间，让一让倒也无妨。事实上，94%的人都会同意让这个人插在他们前面。说到这里，如果你觉得这个比例很高（确实很高！），我们不妨在下一章中回头再来讨论这个问题。

在另一种情况下，被试前去插队时给的原因是"我需要复印一个东西"——这是一个完全站不住脚的理由。每个站在这里排队的人都需要复印东西。可是，最后依然有相似比例的人，即93%的人同意了这个荒谬的请求。（我曾经也有过类似的经历，有一次我坐在曼哈顿一个拥挤的酒吧中，一对年轻人

顺　从

向我走来。其中一个人对我说："可否让我女朋友坐在这里？她可能怀孕了。"我马上站起来把座位让给她，并没有多想。可能怀孕了……等等，他在说什么？那对我来说毫无意义。）

兰格与她的同事把这种现象称作"看似用心的无心之举"[13]；罗伯特·西奥迪尼把它称作"点击，咻……"的响应行为[14]。这两种描述最根本的观点在于人们并不会像我们想象中一样对语境中的实质信息进行处理，很多影响在未经人们仔细思考的情况下就发生了。

甚至当我们明确要求人们记住某个观点的准确细节时，人们有时也并没有像我们想象中一样，表现得像个精明老练的挑错能手，伺机吆喝"错了吧？"。举个例子，北伊利诺伊大学的认知心理学家安妮·布里特（Anne Britt）与她的同事在一项研究中，给被试提供了一些不同的论述，比如"垃圾回收应由联邦政府强制执行，因为这样做有利于保护环境"，或者"垃圾回收有益于民，因为它有助于保护环境"，并且要求他们记住这些论述的精确主张。[15] 在此，主张某件事有益于民与主张某件事应被政府强制执行，这两者之间的实质差别非常大。然而，许多被试没能对这两者做出区分。他们记得论述的大意是垃圾回收是件好事（这部分每个人都说对了），但许多人回想不起来具体的主张是什么。

不仅如此，在布里特与另一位同事所做的另一项研究中，[16] 被试明确知道自己需要把一份符合逻辑的论点与一份没有道理的论点进行区分，但他们没能完成这项任务。举例来说，一份论述称死刑是不道德的，因为事后的 DNA 鉴定发现许多被判死刑的人是无辜的；另一份论述称死刑没有效果，因为事后的 DNA 鉴定发现许多被判死刑的人是无辜的[①]。被试没能区别出两者间的差别，因为他们处理信息的时候只关注到了大意。在他们脑中，这些论述只是关于为什么说死刑是件坏事，而不是具体坏在哪里（不道德还是没有效果）。

布里特与她的同事们把这些发现归因于"模糊痕迹理论"，[17] 这个理论是由康奈尔大学的神经科学家瓦莱丽·雷纳（Valerie Reyna）提出的。这个理论的观点是当我们接收到一条信息的时候，我们用两种方式对它进行处理。在大脑的一个区域中，我们会对它进行逐字逐句的分析与记忆，而在大脑的另一个区域中，我们同时还在处理与记忆别的东西——信息的

---

① 前一个论点在逻辑上行得通（无论你是否同意）。如果我说死刑不道德，并通过事后证明许多死刑人员是无辜的这一点来对我的论点进行支持，这两者之间的逻辑关系（即语言学家所说的"依据"）在于它之所以不道德，是因为它导致了无辜的人死去。反观第二个论点，里面就缺乏这样的逻辑关系。如果我说死刑没有效果，并通过许多死刑人员事后被证明是无辜的这一点来对我的论点进行支持，那么这其中的依据是什么？难道是导致无辜之人死去的原因是死刑没有效果吗？对什么无效？对致死无效吗？对打击犯罪无效？谁知道呢。因此看得出，它确实说不通。——作者注

梗概。与这个理论的名字一样，我们对事实信息的"模糊痕迹"进行解码。然而很重要的一点是当我们从一开始就同时对信息的细节与梗概进行解码时，我们对信息的逐字记忆很快就会消退，但对于信息梗概（也就是信息的模糊痕迹）的记忆会持续很久。

因此，假如你心血来潮突然想要做一个演说，讲一讲为什么《吸血鬼猎人巴菲》（*Buffy the Vampire Slayer*）是史上最佳剧作（我个人觉得事实也是如此）时，有可能你的演说内容有些凌乱，逻辑也前后不统一，但听你演讲的人最终会忘记逻辑不畅的问题，他们只会记得你给出了这部剧值得喜欢的许多理由，尽管具体理由是什么他们也可能忘掉了。结合你会比你想象中更冷静、更招人喜欢的事实来看，你应该已经为自己赢得了一些"巴菲粉"了。

综上，我们可以得出以下结论：如果在某些情况下你觉得自己有话要说，但又担心言辞欠妥，大可不必有这样的焦虑。说出来就好。只要你语带真诚，并非满口胡言（后续进一步讨论）——请原谅我用词粗鄙，你就切实有机会发挥出自己的影响力，即使你觉得自己磕磕巴巴也无妨。相比一时的失言或生硬的措辞，听众离场之后最可能记着的并非这些细节，而是你所传达的信息梗概。不仅如此，他们更有可能会认同你所说的内容，这一点我们接下来继续讨论。

## 认同的倾向

1975 年，英国一位叫保罗·格莱斯（Paul Grice）的语言哲学家提出了一个关于会话规范的理论，极具影响力。直至今天，这个理论仍然对沟通科学具有重要的意义。[18] 格莱斯这个理论的核心观点是：沟通是一件合作性的事。为了能够让双方相互理解对方的意思，双方必须要配合，而为了做到这一点，必须建立一些基本规则，也就是格莱斯所说的"准则"。按照格莱斯的理论，沟通所需的首要准则就是人们必须说真话，也就是我们不可以讲明知是假的事，也不可以讲无凭无据的事。这条准则（以及他所说的其他准则）的关键在于对话双方都要遵守。也就是说双方不仅都应该讲真话，而且都应当假设对方说的也是真话。如此一来，别人表面上说了什么，我们应该没有理由不予相信。

这样的情形在如今充斥着虚假消息，人们罔顾事实、掩耳盗铃的年代里显得有些不可思议。让我们静下来想一想。虽然有时我们会怀疑人们讲话的真实性，但我们必须首先默认别人在讲真话，否则沟通几乎不可能进行下去。如果我逼问你是否真的读过每一本你号称读过的书，或是追问你昨晚的三文鱼是不是煎过了头，这样的对话很难继续下去。因此，我们会倾向于相信别人所说的话。反过来，这也意味着别人也会倾向于相信我们的话，尤其是面对面说过的话，而不是去质疑我们的想法是否真诚、我们讲的事情是否属实。

对我们的研究目标来说，更重要的是要了解人们不仅只是愿意相信你语出真诚，而且也愿意相信你讲的内容货真价实。这一主张可以追溯至 1677 年欧洲启蒙运动时期由哲学家巴鲁克·斯宾诺莎（Baruch Spinoza）提出的一个理论。[19] 按照他的说法，如果想要理解某条信息，我们首先要假设它是真实的。在此基础上，我们可以进一步去伪存真，摒弃我们认为不够真实的部分。换句话说，我们可以去"证伪"。然而"证伪"在实际中并不是一件容易的事。正如前文所述，人们不喜欢在事物的认知上耗费额外的精力。因此，我们常常会干脆默认别人说的话可以相信。[20]

令人惊异的是，斯宾诺莎的这一理论在现代科研人员的实验中得到了验证。哈佛大学的心理学家丹尼尔·吉尔伯特（Daniel Gilbert）与他的同事做了一系列实验，给每名被试提供了一些命题，并请他们指出每个命题是真是假。[21,22] 在被试拿到命题之后，有人在这个过程中打断了他们，因此被试无法对信息进行完整的处理。这样一来，研究人员就能够了解人们的预设立场，即在存有疑虑的情况下，人们会倾向于选择相信还是质疑。实验结果显示，虽然被试没能对这些真命题进行完整的信息处理，但是他们仍然倾向于认为命题为真。不仅如此，对于那些没能读完的假命题，被试同样会推测这些命题为真。概括来讲，在相信与怀疑之间，被试会天然地倒向前者。

当然，如果你曾在看到某个广告时当即对其中的荒谬结论嗤之以鼻，你就会知道，前文所述的情形并非一直如此。我们并不会对所有的事情都听之信之。事实上，对于不可靠的信息来源，比如许多人眼中的广告，人们在完整地进行信息处理之前，会天然地拒绝相信它。正因为此，许多品牌为了获取消费者的信任，可以说费尽了心机。也同样是因为此，收看福克斯新闻的民主党派与收看微软全国广播公司节目的保守党派一样，都不太可能全然相信其中播报的内容。（不过，同样值得一提的是，如果保守党派收看的是福克斯新闻，民主党派收看的是微软全国广播公司节目，结果会完全相反。当信息来自可靠渠道时，观众更容易默认信息属实。）

至此，如前文所述，记住我们是人，而非广告，记住此前格莱斯的观点，即人类的沟通本质上来讲是一种需要相互配合

顺　从

的行为。这对我们很有帮助。与人交流时，通常状态下人们会相信对方说的是事实，而且相信对方有据可依。因此，当表达观点的是你，而不是某个遭人厌弃的有线电视新闻网时，你的观点引起争议的可能性会比你想象中小很多。诚然，我们可能都经历过一些事与愿违的场合，事情未能得到体面的收场，这些画面每每想起便会赫然在目，但它们只是意外，算不得常态。有时你可能会遭到反对，但几乎可以肯定的是，这样的反对比你想象中少，也不会频繁出现。

此外，这种情况最有可能出现在人们旗帜鲜明地持反对观点的问题上，以及与前期掌握的事实相左的问题上。虽然我们总能联想到一些需要动用极大影响力的典型情境，比如进行政治辩论，或是规劝人们做一些违背本意的事等，但多数时候我们讲些什么、想些什么，别人对此并没有明确的立场，也不见得了解多少。因此在这些话题上，我们的想法反而更有可能对别人产生影响。实际上，人们交谈中涉及的大部分话题不外乎工作、金钱、人际关系、休闲活动、别人的八卦、人们的外表等，[23]不是什么政治与社会问题。先别急着鄙视这些话题肤浅无聊，因为值得注意的一点是我们关于工作、金钱与人际关系聊了些什么会对某些社会准则的形成、确定以及发扬光大起到作用，比如什么算是得体的行为、什么样的人或事应当被推崇。也就是说，这些看上去平平无奇的话题有可能在更大范围内影响人们的观念与态度，包括与政治和社会相关的问题。当你告诉我某个人在升职的过程中受到不公正的待遇，被别人绕过捷足先登时，或是当你向我指出某个人的举止不妥、穿着不当时，如果我倾向于相信你，你就成功地塑造了我的观点，让我知道谁是那个怀才不遇的人、为什么会这样、哪些举止算得上得体大方，以及原因是什么。这些想法最终会对我未来所做的决定起到作用，甚至会影响我支持哪名政客以及什么样的政见。

我们倾向于认为人们做某件事、相信某件事是基于某件事本身的优点，也就是说人们会考虑实际因素，并相应做出判断与反应。但这是一个误解。实际上，事物本身的特点在改变人们的行为与立场时，远不如社会惯例或别人对此事物的态度起的作用大。这意味着你只要说出你的想法，就在别人理解什么是社会惯例、什么是合理行为的过程中完成了你的使命，由此你对别人的思想与行为便产生了你所不知的巨大影响。

至此，你可能会想，这些现象一定是好事吗？没错，知道别人并没有像你所担心的那样将你的言论批得体无完肤，并不是总想着驳斥你，反而会倾向于相信你，这些事实都令人宽慰，但反过来讲，这也意味着很多本应进行深入剖析的表述会

顺　从

被人轻易放过，坦白讲可能会轻松招致许多人上当受骗。这样的情况确实存在。我们会在后面的章节中讨论，从最粗放的概要层面去理解信息、对接收到的信息不做充分的分析会如何导致错误信息大量滋生以及会产生什么样的不良后果。

但是现在，我们可以先关注积极的一面，那就是你大可不必担心自己成为下一个宣泄道德愤怒的出口。在交谈过程中有人会因为你讲错话突然劈头盖脸骂下来的可能性微乎其微。事实上，只要你能心平气和地表达意见，不要情绪失控，人们常常是愿意相信你、接受你所说的话的。

**你需要冷静一些**

在某些情况下，由于担心说错话，我们可能会表现得谨小慎微，但当你看到自己在乎的人做一些有损健康、不计后果，甚至其他无异于自掘坟墓的事时，你就会表现得完全相反，克制会让位于冲动。在这样的情况下，想要不呵斥对方，勒令对方悬崖勒马恐怕并非易事。不许抽烟啦！快去锻炼身体！不许逃课！该干吗干吗去！

我们只须快速浏览任意一个社交媒体平台，就会发现导致我们大发雷霆的不只是那些爱之深、责之切的时刻。当我们非常肯定自己是对的，或者清楚什么是对一个人最好的选择时，我们的表达方式可能会蛮横到令人咋舌。然而这种蛮横非但不能说明我们理直气壮，反而在某种程度上体现了我们对自己的说服力并没有十足的把握。当人们发觉自己的话不起作用时，不免会怒喝几声。然而按照此前的了解，人们理应比我们想象中更愿意倾听、更倾向于认同我们。如此看来，什么才是影响力的最佳实现方式，理论似乎又一次与现实脱节了。

安·克朗罗德（Ann Kronrod）、阿米尔·格林施泰因（Amir Grinstein）与鲁克·华修（Luc Wathieu）通过一系列研究来了解当人们想要劝服别人时，是否过分看重自己需要表现得多么强硬。[24] 在一项实验中，他们向被试描述了一个叫凯特的虚构人物，说她的健康状况出了问题，不过通过饮食调整可以得到改善。这种健康问题可能很严重（例如出现严重的头痛与脱水反应，可能需要住院治疗），她确实需要在健康管理上得到一些建议；也可能不太要紧（例如有轻微的头痛与疲倦的症状），没有达到迫切需要别人建议的地步。此外，被试了解到，一种情况下，凯特有意愿从网上、朋友或者专业医务人员那里获得建议，另一种情况下，她对别人的建议没有兴趣。在此基础上，研究人员询问被试更倾向于把以下哪条信息传达给凯特。一条信息表达委婉（"为了您的健康，您每天可以多吃一些蔬菜"），一条信息更有命令的意味（"为了您的健康，您必须每天多吃蔬菜！"）。

你可能会认为如果对方不愿意听取建议，但你无论如何觉得自己必须进行劝解的话，采取更加委婉的方式可能比较好。然而，被试不是这么做的。在这个实验中，被试完全没有关注凯特是否愿意接受别人的建议。他们完全依据凯特健康失调的严重程度，或他们认为凯特需要建议的紧迫程度来做选择。换句话说，当被试听说这个人的健康状况亟待调整，而且造成这个人饱受身体之苦的原因似乎又掌握在她自己手中时，他们会选择对她大声斥责，无论她是否愿意听这些忠告。

听起来耳熟吗？或许你在生活中也碰到过这样的人，他们对某些事满腹牢骚，怨念深重，但事情能不能有所改观，却完全在于他们愿不愿意。恨铁不成钢啊。仅仅是读到凯特因为脱水而住院恐怕就足以令你火冒三丈了。你恨不得冲上去告诉她："天啊，凯特，喝点水会死吗？"但这是劝说凯特扭转健康状况的最佳方式吗？按照克朗罗德的说法，恐怕不是。

在另一项研究中，克朗罗德与她的同事随机给200名在读大学生发送了电子邮件，敦促他们加强体育锻炼。其中一半学生收到的是一条比较强势的信息，它是这样的："亲爱的学生朋友，你一定要每天做5分钟腹部锻炼，强化你的核心肌群。说做就做!"另一半学生收到的是一条类似的信息,但语调明显更柔和,内容如下:"亲爱的学生朋友,每天只需5分钟腹部锻炼就可以增强你的核心肌群,你没问题的。"一周之后,这些学生收到了一份调研问卷,完成回答可以计入学分。问卷问到过去这一周他们有没有做锻炼,以及他们是否愿意接受一份健康指导,并附带一份关于他们体脂率的数据分析(用来衡量每个学生有无必要进行健康指导)。

回头来看,冲着显然需要改变健康习惯的人大呼小叫其实最终并没有起到明显的作用。这并不令人意外。要想劝说有必要加强锻炼的人(根据人们的身体数据指标来判断)切实动起来,态度强硬的信息并不会比温和的信息更有效。此外,对本就不愿意接受健康指导的人来说,如果好言相劝不起作用,对其耳提面命效果也不会好到哪里。这也在意料之中。事实上,不愿意接受健康指导的人在收到命令式的信息之后,反而比收到语调温和的信息之后锻炼得更少,即使他们显然需要进一步加强锻炼。由此可见,咄咄逼人的信息会适得其反。

研究中看上去唯一从强势信息中受益的是那些声称确实希望得到建议的学生。相比表意委婉的信息,他们收到强势信息后做了更多的锻炼。不过,实话实说,这个结论算不得新鲜。如果有人在真切地寻求建议,他们当然想要获得更加清晰的指令，而不是欲言又止、闪烁其词的说法，比如"要不然，没准儿您可以试试……"。

有意思的是，我所说的这些内容现在看起来都是显而易见的道理，但当我们真正需要去说服别人的时候，这些道理全都会被抛到九霄云外。假定条件下，我们可能什么都明白，但下次当我们面对一个自己在乎的人，确实到了需要我们来拨乱反正的时候，这份研究显示我们一样有可能会走上一条发号施令的道路，命令对方听话照做，完全不会顾及对方是否愿意听我们的意见，最终落得事与愿违。[25]

这些研究主要是围绕健康问题展开的，但研究结果却值得我们在各个领域借鉴。当我们对劝诫别人感到力不从心，或是发觉自己几乎在对牛弹琴时，我们往往会调高音量，用更大的声音去诉说。但导致效果大打折扣的原因恰恰是我们在施加影响力时用力过猛。在上述研究中，对于不情愿接受健康指导、加强锻炼的人来说，言辞柔和的那条信息对他们的影响更大。总而言之，我们似乎低估了某些微妙的力量所蕴含的影响力。我们不相信就算我们没有大声疾呼，别人依然会喜欢我们、愿意倾听我们。因此，在低估了我们的影响力的同时，我们也可能高估了究竟需要多么咄咄逼人才足以正人视听。

在此，我需要澄清的一点是，在某些情况下，比如遭受到整个社会欺压的某些群体为自己发声时，建议对方要"冷静"不仅有站着说话不腰疼的嫌疑，而且会造成伤害。这种行为被称为"语气警察"。正如伊耶玛·奥洛（Ijeoma Oluo）在《这么说你想谈论种族》（*So You Want to Talk about Race*）一书中所述，"语气警察"能够在人们谈及所遭受的压迫时，把关注的重点从谈话的实质内容转移到讨论这个问题的方式。[26] 她指出，"比如有人说'如果你要冲我大喊大叫，我可不会听你说什么'，这就是一种'语气警察'的行为。这种行为的假定前提是我们的声音可以被听到，我们的诉求可以获得支持"。

系统性的压迫所带来的伤痛与愤怒是真实存在的，它埋藏在人的内心深处，因此每每将这样的隐痛翻出来讲，无异于让受压迫群体承受了二次伤害。在这种情况下，如果还要求他们表现得温良得体，或是在谈及种族迫害或性别歧视时首先顾及举止脸面，实属强人所难。但问题在于，很多时候我们对某些不太认同，或不喜欢的观点做出的反应就好像自己遭受了压迫一般，而事实上我们不过是对这些观点持有一些强烈的看法而已；还有些时候，当我们的担忧与崩溃无处安放时，我们会冲着自己深爱的人大呼小叫，希望他们能够悬崖勒马。在这样的情形下，研究结果告诉我们，如果我们能够冷静一点，结果可能会更好。

顺　从

## 信心不足的麻烦

心理学家长久以来都在对过度自信的危害提出警示。过度自信会导致人们冒不必要的险、做草率的决定、伺机寻求捷径。就这个问题，唐·摩尔（Don Moore）与保罗·希利（Paul Healy）两位专家在他们最常被引用的文献《过度自信的麻烦》（The Trouble with Overconfidence）中曾指出，很多问题，比如"战争、罢工、打官司、创业失败、股市泡沫"等，都可以归因于人们的过度自信。[27]在斯科特·普劳斯（Scott Plous）所著的一本备受推崇的书《决策与判断》（*The Psychology of Judgment and Decision Making*，我大学本科期间最喜欢的教科书之一）中，普劳斯指出，"在判断与决策过程中出现的诸多问题中，没有什么因素能比过度自信更普遍、更容易造成灾难性后果"。[28]确实，过度自信在研究人员眼中并不是什么好事。

反观自信不足，人们倒认为它不足为患。自信不足的人会加倍努力，遇事反复推敲，而且善于听取建议。有一种我们称为防御性悲观主义者的人，在他们身上，常年的自信不足反而成为一种有效的手段，敦促他们在人生中不断地鞭策自我。由此可见，自信不足显然有其积极的一面。如果说人总归要在自信的两极上犯一种错，我宁愿错在自信不足。

但无论怎么说，自信不足终归是一种错误。诚然，这样的我们可能会多努力一点，多听几句劝，但归根结底，自信不足意味着我们往往在这些方面矫枉过正了。你是否有过这样的经历：仿佛花了一个世纪的时间一丝不苟地对一封电子邮件删删改改，反复雕琢，可在你终于点击了发送按钮之后，不到半分钟就收到了一封只有两个字的回复。对于这样的情况，自信不足难辞其咎。它令我们做事低效，还常常令人挫败。此外，自信不足还成了人们推卸责任的利器，因为人们不断地向别人寻求建议，不必自己做出决定并为其承担责任，这一点我们在后面的章节中会谈到。

在说服力与影响力方面，由于极度担心自己无法取悦于人、讲不出恰到好处的话，自信不足的人总会选择保持沉默。而有的时候，人们在自己笃信的事情上会表现得过分自信，但对于能否让别人领会自己的意图又表现得信心不足。因此当人们试图传达自己的想法时，就可能表现得过分武断专横，忽视了几十年来人们对说服力与社会影响力的研究结论：过犹不及。

上一章我们重点讲述了一些客观存在的影响力，更多的时候我们需要通过更加积极主动的方式去影响其他人，只不过每每念及此，我们总觉得自己力不从心，这从关于影响力的文章与图书在市场上居高不下的热度中可见一斑。然而正如我们在本章中所见,这种想法可能并不符合事实,而是另一种我们没有意识到的认知偏见。

因此,修正这种认知偏见非常重要。无论你觉得自己的社会圈子有多大,做一做四舍五入;无论你觉得给别人留下了什么样的印象,告诉自己实际会比想象中好;无论你觉得会遇到多大的反对声,告诉自己其实没那么糟;最后,无论你想给出什么样的劝诫,不妨试一试好言相劝。

第二章
你的说服力

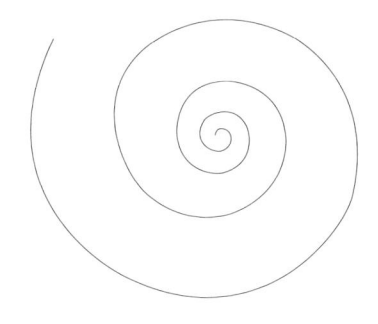

# 第三章
## 既然你有所求

大多数人都不喜欢向别人寻求帮助。心理学家海蒂·格兰特（Heidi Grant）在她所著的《如何正确求助》（*Reinforcements*）一书中，用了整整三章来解释为什么麻烦别人是一件"糟糕透顶的事"。[1]我自己对求助于别人这件事带来的窘迫感再熟悉不过了。在我的科研生涯之初，我整天都在麻烦陌生人帮忙。作为哥伦比亚大学的一名研究生，我负责的主要工作就是为我和现任斯坦福大学组织行为学教授的弗兰克·弗林（Frank Flynn）先生所做的研究项目收集数据。每天我需要乘坐地铁从曼哈顿上东区的哥伦比亚大学去往纽约宾州车站，在那儿求助一个个陌生人帮忙完成填写问卷的任务。愁肠百结的我硬着头皮一遍遍地重复同样的请求："可以麻烦您帮我填一份问卷吗？"世上绝无比此更"糟糕透顶"（用格兰特的话来说）的事了。纽约宾州车站在我心中已经永远与这种炼狱般的经历画上了等号。

然而，画上等号的，还有我与弗兰克·弗林一道发现的一种现象（既是个人发现也是经科学证实的现象），那就是我们想象中人们对别人的求助所做出的反应与实际情况大相径庭。每次当我准备接近一个陌生人时，我都会深吸一口气，从心理上对别人的反应做好最坏的打算，比如不留情面的拒绝，不耐烦的叹息，甚至默默的辱骂。可是通常情况下，当我真的走近他们站在他们面前时，他们会抬头看我，虽然有时面露困惑，但自始至终几乎都很礼貌，而且他们总会答应我说："好的，没问题。"他们并没有喝斥我，也没有掉头就走，（通常情况下）甚至没有因为我的请求狠狠地瞪过我一眼。

当时那个研究结束之后，我们很失望地发现当初想要论证的原始假设（我不记得具体是什么了）并不成立。但我们在整理数据的时候，意外发现了一件更有趣的事：一开始就同意填写问卷的人数远超我们的预期。看到有那么多人同意我的请求简直太令人惊讶了，于是我们想知道别人是否也会像我们一样，对这么多陌生人愿意伸出援手感到吃惊。从那以后的十多年间，前前后后曾有数千人在我的实验中做过类似于数年前我在纽约宾州车站做过的事，如今在这个问题上研究了15年之后，我确信当年我的感受并非偶然。

在一个典型的研究中，我告诉实验室中的被试需要离开实验室所在的区域，到外面的世界中与真正的陌生人互动。被试需要麻烦路人做各种事情，例如填写问卷、做慈善捐赠、借用手机、帮忙寄信、提供复杂的指路信息，甚至去数罐子里的豆子（没错，就是真正在数豆子）。被试前往执行任务之前，我让他们猜测会有多少陌生人同意他们的请求。上一次我所做的一个正式统计显示，被试把这些不同类型的请求提给了14 000多名陌生人。纵观所有类型的请求，我得出的结论惊人地一致：人们会一次次地低估别人愿意出手相助的可能性。准确来说，答应了我实验中各种请求的人数是人们预期中的两倍，这个效果不容小觑。[2]

弗兰克·弗林与我第一次做这项实验时，我们尽可能真实地再现了当初我在纽约宾州车站的体验。我们请被试来到哥伦比亚大学在纽约的校园，去接近陌生人，请求对方帮忙填写一份问卷。他们的任务是要用我当初反复使用的一句话"可以麻烦您帮我填一份问卷吗？"，找到5个人完成问卷，仅此而已。当我们询问被试他们认为需要问到多少人才能完成5份问卷时，大家的预期在平均20个人左右。而当他们完成任务回到实验室后，发现实际上平均只问到了10个人，是当初预想中

的一半。³

其实当我说被试"回到"实验室时,这个表达不够准确,因为他们是连蹦带跳着回来的。我看到他们一个个露出难以置信的表情,完全想不到任务会完成得如此顺利,人们会如此友爱,与想象中完全不一样。这样的反应与我在纽约宾州车站的感受如出一辙。

当时,我们感觉可能发现了些端倪,但我们不知道这个思路是否经得起更深层次的推敲。这个效果的出现是否只与我们提的某个请求有关?是不是人们本就比我们想象中更喜欢填写问卷?还是无论提出什么样的请求,人们都会比我们预期中更愿意伸出援手?为此,我们开动脑筋想出一些可以让被试进一步提出的其他请求。在一个实验中,我们请被试向陌生人借用手机,说明需要简短地拨打一个电话。一旦他们成功借到手机,就会给守在实验室中的我们拨打过来,提供一些信息,这样我们就可以判断出他们是否是从不同的陌生人那里借到的手机。只要借到3次手机,他们就可以返回实验室了。在这个实验中,被试预想中需要问到10个人才能完成任务,而实际上他们只问到6个人就达到了目的。

在另一项实验中,我们请被试向陌生人问路,但对这个请求做了一点设计。研究中我们充分利用了哥伦比亚大学的健身房所在的位置极其隐蔽的特点。由于它位于地下，隐匿在主校区的西北角，所以路过它时完全找不到入口是极有可能的。这也是我们要求被试讲出来的一个情况。被试被带到了校园中一个指定地点，距离健身房有3个街区。他们需要走到一个个陌生人的面前，告诉对方他们找不到健身房的入口。然后他们会提出请求："您可以带我过去吗？"也就是说，被试想要面前的陌生人带领他们一路走到健身房的位置，亲自指给他们入口在哪里。答应这个请求就意味着陌生人要走过3个街区，而且有可能不顺路。所以，不难想象这个研究中的被试会认定他们需要问到很多人才能找到一个愿意帮他们的人。数据表明这个预期差不多为7个人左右。实际上，结果显示他们只需要问到两个人，也就是说，每两个人中就有一个人同意了被试的请求。

至此，我们已经比较确信确实存在这种现象。每次在实验室做类似的研究时，我们都会发现同样的结果，至少这个效果在大学生的实验中百试不爽。一次又一次，一个又一个的请求实验表明，我们的被试总会低估人们有多愿意出手相助，同时会高估自己遭到拒绝的可能性。那么接下来的问题是，在实验室之外，当人们提出请求不是为了某个实验目的，而是与自己的切身利益相关时，我们还会看到同样的效果出现吗？

顺　从

## 兄弟，可以借我一毛钱吗？

对我们来讲幸运的一点是，在很多有组织的募捐活动中，这样的请求每天都在上演。许多组织依赖于一个个募捐人员向各界人士请求捐赠。我们就是与这样的一家组织进行了合作。这个组织叫"训练有素的团队"（Team In Training），它是为各种血癌的临床研究、教育以及病人看护等事项筹集善款的白血病及淋巴瘤学会下设的一个项目。该项目的志愿者会参加一项耐力挑战（例如马拉松或铁人三项），项目组会给他们配备一名教练，帮助他们针对这项挑战进行训练，而志愿者需要为此完成一些筹款任务。这是一个非常理想的场合，可以帮我们对实验结果是否在真实世界中普遍存在进行验证，因为这些筹款人员面临的任务恰好与我们曾在实验室中采用的研究形式基本一样。还有一个福利在于，这个项目的参与人员需要完成的任务规模较大。当时想要参加活动的志愿者需要筹集到2 100~5 000美元，这个难度可不是找5个人填一份问卷那么简单。

"训练有素的团队"这个项目的组织者很爽快，允许我们在纽约的宣讲会上招募一些人员参加我们的实验，于是我们找到了100多名这样的志愿者。这些志愿者需要完成的任务与我们在实验室研究中所做的实验类似。首先，他们需要填写一份问卷，猜测自己需要向多少人张口才能完成他们的筹款目标。然后，在筹款期接近尾声的时候（大约5个月后），他们需要向我们反馈，完成筹款目标时，实际上向多少人发出了请求。幸运的是，参与人员对此期间的记忆并不是我们唯一的数据来源。我们与这个项目合作的另一大优势在于，组织方要求每个活动参与者对他们的每名捐款请求对象进行记录，这样一来我们就可以把参与人员记忆中的数据与这些记录进行对比。

我们在本次活动的实验中得出的结论与我们在实验室的研究中得出的结果惊人地相似。筹款期开始时，参与人员认为要达成筹款目标需要发出的请求数平均显示为210人。实际上，这个请求数仅为122人，比他们最初的预期几乎少了100人。这个项目中的志愿者与我们实验室研究中的被试一样，也低估了到底有多少人愿意答应他们的请求，而且他们的预期与实际情况相去万里。[4]

看起来，我们似乎真的碰到了一个科学命题。它并不是在我们实验室的范式操作下才出现的某种奇特现象。即便是特意报名参加真实筹款任务的人也一样会高估完成这项任务的难度。

值得说明的是，这并不是一个既成的科学结论。很多初现端倪的研究成果在我们苦苦探寻了多年之后发现，原来是个伪命题，徒劳一场。但这个现象不同，它不断地在一遍遍重现，而且还表现得非常明显。我甚至不需要分析实验数据就能够看得出实验结果，它写在被试离开实验室前忧心忡忡的脸上，写在他们回来时惊诧、释然的表情里。他们无法相信这个让人一直惶恐不安的任务竟然可以完成得如此轻松。我很高兴能够在其后的多年中与我的同事继续就此现象进行研究，并一次次地见证这个效果得到重现，无论是在纽约、[5] 加利福尼亚[6]、加拿大[7,8]，还是在荷兰[9]、中国[10]，结论从未让我们失望。尽管在不同的情景下，这种现象呈现的效果有显著的不同，但每次它的基本效应都不会改变。

人们总认为自己会被拒绝，但实际并没有那么糟，而且让别人答应我们的请求也比想象中更容易。当你在十多年中一遍遍目睹这样的结果重现之后，很难再去辩驳这个结论。可即便如此，就连深知这种现象存在的人（比如我丈夫）也会时不时忘记这一点。

撰写这本书期间，有一次我和我丈夫带着我们两个年幼的孩子做了一次自驾旅行，途中我们听到轮胎发出一个奇怪的声音。于是我们靠边把车停下来仔细检查了一番，发现一颗螺丝扎进了轮胎。当时我们在一个小镇上，正赶上美国国庆日前的一个周末，距离目的地还有 3 小时的车程，后座上一个 1 岁、一个 5 岁的孩子已经开始坐不住了。我们在手机上查了查，发现不远处有一家本地的小修车行，但是从网上显示的信息来看，这家店刚刚结束营业。我们决定无论如何，还是先开车过去看一看，毕竟我们只需要有人帮忙把螺丝拔出来，把洞补上，应该不到 5 分钟就可以解决问题。当我们开进停车场后，我们看到门上挂着的运营时间显示，这家店的确下午 2 点就关门了。当时是下午 2∶45。不过我们能看到机修工还在修理车间中。我丈夫摇下车窗问道："请问你们关门了吗？""是啊。"对方答道。我丈夫一脸挫败的样子，叹了一口气，把车窗摇上来，准备把车开走。"等等！"我说，"为什么不试试告诉对方我们需要什么，看看他愿不愿意帮个忙？"。

我丈夫一脸不情愿，再次摇下车窗说道："我们的车胎扎钉了，应该只需要 5 分钟就可以修好，不知道您愿意帮个忙吗？"修理工走出来，看了一眼我们的轮胎，很爽快地答应了。他返回车间，拿了一些工具出来，对我们说："就像《希波克拉底誓言》中说的那样，遇到这样的事情我得帮忙。"他麻利地拔出钉子补上窟窿，确实只用了 5 分钟就送我们上路了。

只是因为我们张嘴试问了一下，本来可能需要经受的数小时煎熬（甚至更糟）开车绕道 10 分钟就解决了，而且这个过程皆大欢喜。修理工因为帮助了我们感到非常开心（而且得到了我们作为酬谢额外给他的一笔钱）。我们也沉浸在快乐之中，不仅因为问题得到了解决，而且因为别人同意伸出的援手给了我们惊喜与释然（尽管按理说我们都不应对这样的事情感到意外）。

这次经历与我们在"训练有素的团队"项目中的研究有一些共性，我们从中可以看出几点。首先，当我们提出的请求与自己的切身利益有关时，我们会对自己能否获得别人的帮助持有过度悲观的态度。其次，这种悲观的态度确实很难摆脱。我丈夫与我在一起有多少年，就对我的研究耳濡目染了多少年；"训练有素的团队"项目中参与我们实验的志愿者以前也曾参加过很多次募捐活动。但这些都不足以让人们对张口求助这种事情的心理负担小一点，也很难让人们在这种心情下不去对可能出现的局面胡思乱想。在类似情况下，我们不妨试着在心里告诉自己，我们其实比想象中更容易获得别人的帮助，而且很可能没有必要给对方什么好处，这一点我们在下一小节中讲述。

## 给你一元钱，可以帮我……吗？

低估一个小小的请求所蕴含的力量，会导致我们会在提出请求时做很多画蛇添足的事，自以为这样会增加别人同意的可能性，换取对方一句"好的"——比如说，给钱。在前面讲到的扎胎的故事中，有件事我没有说，那就是我丈夫当时不仅仅说了"我们的车胎扎钉了，应该只需要5分钟就可以修好，不知道您愿意帮个忙吗？"，他还加了一句"我们付双倍的钱"。

很多人在求助时，为了获得别人的同意，总会有点给钱作为酬谢的冲动。我们搭车时会提出给对方一些油费，找人帮忙搬家时，想给人备点酒钱。可是，给别人一些补偿虽然能让我们觉得求助时心安理得一点、效果更好一些，但实际上这对于别人是否会答应我们的请求起到的作用并没有我们想象中大。

我与巴黎高等商学院（HEC Paris）的丹尼尔·纽瓦克（Daniel Newark）以及我之前的一个研究生艾米·徐（Amy Xu）做了一项研究，对比如果要通过给人酬金的方式使别人答应自己的请求，被试预期中所需的金额要比实际起到作用的金额高多少。[11]在我们的第一个实验中，我们让被试做的事与弗兰克·弗林和我在我们最早的实验中所做的事一样。被试需要按我们的要求离开实验室，接近一个个陌生人，请对方填写一份问卷，完成3份即可。不过我们把其中一半人的执行过程做了一点微调。我们随机选了一半人去执行最初的实验设计，要求使用这个文本："可否麻烦您帮个忙？可以帮我填一份问卷

顺　从

吗?",另一半人每人拿到 3 元钱,需要给每个同意回答问卷的陌生人 1 元钱。执行任务时,他们需要给每个陌生人亮出这 1 元钱,并按照如下文本进行交谈:"可否麻烦您帮个忙?如果我给您 1 元钱,可以帮我填一份问卷吗?"与我们之前的实验一样,执行这两种任务的被试都需要预测自己需要问到多少人才能完成 3 份问卷,同时要记录下他们实际问到多少人就完成了任务。

让我们花 1 分钟的时间设身处地想一想被试所经历的整个过程。想象我们需要随机走向一个陌生人,请对方帮忙填份问卷。然后再想一想,还是同样的诉求,但这次我们要用一点钱给这个请求加点儿甜头。你觉得哪种方式效果会更好?凭直觉,应该是后者。确实,我们的被试一边倒地认为给一些钱会更容易得到响应。手中没钱时,被试认为需要找到平均 10.5 个人才能完成 3 份问卷,也就是预测中的响应率大约为 29%。但当他们手中有一叠钱可用时,他们猜测仅需要找到平均 6.5 个人就可以完成任务,这种情况下预测中的响应率大约为 46%。然而不可思议的是,当我们交叉对比两种情况下的实际响应率时,发现这两个数据几乎一模一样。没有回报的情况下,被试实际问到的人数平均为 4.25 人,有钱作为回报的情况下,实际问到的人数平均为 4.29 人。两者之间的差别仅有

第三章
既然你有所求

0.04人，完全可以忽略不计。

因此就这个请求来说，1元钱并没有增加别人同意帮忙的概率。你可能会想，1元钱恐怕不足以产生多大的动力。也许是这样。但我们的被试在提出这个请求之前认为1元钱足矣。他们认为1元钱能够帮他们省去38%的无效请求，这对于人们眼中"糟糕至极"的一件事来说，算得上一个非常显著的效果了。那么，为什么被试会认为给一点钱可以产生这样的效果呢？

在接下来的一系列研究中，我们设计的所有实验都集中在回答这个问题上。我们让被试想象一些无法在实验室环境下进行实践的各种请求，比如请人帮忙搬家、搭车去机场、找人帮忙铲雪（我住在纽约州北部，深知这可不是件容易的事）。一种情况下，我们让他们想象单纯请求不同的人帮忙做上述每件事时的情形；另一种情况下，我们让他们试想一下提出请求的同时告知对方会给以酬谢的情形。之后我们问了他们一系列问题，了解他们在想象提出这些请求时有什么样的感受，以及上述每一个请求对他们来讲有多大的难度。

我们发现，给人酬劳有其积极的意义，这个意义是对提出请求的人而言的。当被试在想象中为自己提出的每一个请求提供酬劳时，他们会感觉比请人无偿提供帮助时多了一份心安，少了一份纠结。而当人们觉得求助这件事不再那么难于启齿、令人犯愁时，他们会用更客观的视角来看待自己所求助的事情。

当你被张口求人这种事搞得忧心忡忡时，比如说，希望搭车去机场，你所求助的这件事会在你眼中变得艰巨无比。实际上，正如弗兰克·弗林所解释的，我们求助的时候所说的话总会夹杂着谢意，越是这样，越表明我们所求助的事情有多重要，比如说："真是太抱歉了，给您添麻烦。""真是太感谢您了。"[12]（这与被求助那一方所用的语言形成了鲜明的对比，因为他们通常会表现得十分大度，对自己的付出轻描淡写，比如说"这没什么的。""区区小事，何足挂齿。"）[13] 如果说我们求助的某件事在我们看来是件令人头大的事，那么我们会觉得被别人拒绝便不足为奇。

然而，一件事一旦与钱挂钩，一切便不同了。突然间，所有的事都少了一点感性因素，它不再像个人恩怨，似乎也不必为之过分苦恼。整件事成为一桩交易。在此，我摆出了我的价码，换取一份服务，如果你拒绝了我，我也并不会觉得难堪，因为我不会觉得是我这个人被拒绝，而只是说明你对我给出的标价不满意。但既然场合已经变了，我会意识到你也并不太可能说出拒绝的话，因为我提出的请求实际上也算不得什么大事，比如说搭个去机场的便车，或是填写一份问卷。如此一来，我便拥有了准确、理性地评估我的请求有几分分量的权利，因为我能够清楚地审视自己的请求。

因此，尽管少量的金钱并不会让别人更容易答应我们的请求，但它却能够帮我们在提出请求的时候感到更加放松，也因此我们得以对自己所提的需求做出更加清晰的评判。当我们不再一叶障目的时候，我们会意识到自己所提的请求并不过分，因此应该很有可能得到满足。换句话说，钱不会让一个请求变得多么有效，它只是让我们对自己多了几分把握。

在故事《小飞象》（Dumbo）[14]中，小飞象邓波得到了一片"神奇的羽毛"，它误以为自己能飞起来全部仰仗这片羽毛。尽管这片羽毛没有发挥任何实质性的作用，但它给了小飞象飞翔的信心，而小飞象也从未在没有羽毛的情况下试着去飞，因为它不相信自己有这样的能力。我们常在求助时提出给予酬谢是因为它给了我们信心（也因为我们愿意做任何能够让自己避免被拒绝的事情）。我们攥着一叠钞票，就好像邓波攥着它的羽毛。但这些东西我们其实都不需要。人们往往会愿意并且乐于无偿地向我们提供帮助。

话虽如此，我们不能因为别人愿意无偿地提供帮助就心安理得地麻烦别人。那天帮我们补好胎后，那位愿意在国庆日前

顺 从

的周末向我们伸出援手的修理工送我们上路时，向我们挥手道别，还逗趣道："先干为敬！"显然他并不是为了那点钱才答应帮我们的。但我丈夫跟他握手时，仍旧递给了他一些钱，告诉他就当我们请他喝了一杯苏格兰威士忌，这不是什么服务的酬劳，而是对他的帮助给予的友好回馈。时至今日，我们依然觉得那是他的一份善举。

在本书中，我们一次次地看到，我们拥有的影响力超过了自己的想象。由于没能意识到这个事实，当我们希望动用自己的影响力时，总会采用一些本无必要的手段。比如在前一章中所述，我们用咄咄逼人的态度去表达本可以心平气和讲出来的观点。又如本章中所见，一个简单的请求就可以达到的目的，我们却想通过给人好处的方式来实现。总之，我们似乎更乐于诉诸威逼与利诱，却不曾在意有些不着痕迹的影响力反而蕴含着四两拨千斤的力量。

## 百万美元问题

至此我们已经知道，面对较小的请求时，人们会比想象中更愿意给出同意的答复。即使是在"训练有素的团队"项目研究中，结果也不例外。筹款人募集到的人均善款金额为64美元，最高的个人捐款达到1 000美元左右。毫无疑问，这些算是非常慷慨的捐助了。然而，还有一些人提出的请求虽然正当，但实现的难度之大远非1 000美元所能匹敌。有人需要100万美元，有人需要一个肾，还有人需要别人代为养育自己的孩子。问题在于，在这样天大的请求面前，我们对别人可能做出的反应的预期还算得上一种低估吗？我承认，我从未要求我的被试随便找人要100万美元。但我手中确有数据表明我们在考虑别人会不会同意我们的请求时，会过分关注这个请求的分量。

直觉告诉我们，请求越有分量，人们同意帮忙的概率越小。我和弗兰克·弗林在一项研究中，请一部分被试找人完成一份非常简短的问卷，另一部分被试需要找人完成一份更长的问卷。在被试的预期中，愿意完成长问卷的人会更少。可是当他们真正走出去执行这些请求时，却发现尽管两种请求的难度不一，但实际上人们同意完成这两种问卷的概率却是一样的。[15]

事实证明，当被试思考别人答应请求的可能性时，会过分关注对方为了完成我们的请求所需要付出的代价，即完成问卷需要耽误的时间。但人们同意某个请求会有多方面的原因，很多时候与直观的成本与收益计算并无关系。这一点我们在之前的内容中已经有所了解：通过金钱补偿获得帮助的效果并没有我们想象中大。同理，增加请求的难度是否会影响别人帮忙的意愿，区别恐怕也不像人们想象中那样明显。

我们会在下一章详细讨论到底是什么促使人们愿意答应我们的请求，但目前来讲，我们有足够的理由相信人们愿意对我们施以援手的很多原因往往都被我们忽略了。人们会答应我们是因为拒绝我们会让他们心生愧疚，[16]因为他们希望自己做个好人，希望在别人眼中留下良好的印象，他们可能看不得别人受苦，[17]也可能确实动了恻隐之心，想要做点好事。[18]然而研究表明，我们常常会忽视别人出手相助的背后可能存在的复杂原因，反而认为人们会出于切实的利益同意做某件事，[19]也会因为实际需要付出的代价而拒绝一件事。[20]当我们以这样不正确的方式认知这件事时，我们就会得出这样的结论：若想获得别人的帮助，要么我们给些好处，要么我们降低诉求的难度。

基于上述种种，我们不难理解人们在提出巨大的诉求时，会对对方做何响应持极度悲观的态度。毕竟需求越大，实际给对方造成的麻烦越多。但我们总会忘记，所求之事越大，同时也表明对方越被人需要（拒绝我们的愧疚感会越深）、更有机会让自己成为别人眼中与自己心中的好人，而且让事情切实出现重大转机的机会也更大，这些都可能成为促成对方点头答应我们的原因，只是我们似乎并未曾在意过这些。因此，虽然同意别人提出的巨大请求必然会使自己付出一定的代价，但基于上述种种原因，人们在巨大的请求面前，有时很难把一声"不"说出口。

当然，如果在所有的变量因素中你只调整了请求的大小，而且这个请求的调整幅度特别明显——比如，你随机走向一个陌生人，请求别人给你1美元或100美元，同意满足你较大需求的人（给你100美元的人）肯定比同意满足你较小需求的人（同意给你1美元的人）少。但需要说明的是，把我们提出的需求变大（或变小）对别人的反应所起到的作用并不像我们想象中那么大。

我们不仅会低估人们同意伸出援手的可能性，也往往会低估人们愿意为实现我们的请求付出多少。在弗兰克·弗林、我和丹尼尔·纽瓦克共同进行的一项研究中，我们采用了标准的实验室程序，请被试前往校园向陌生人求助。不过这一次，我们不仅让被试猜测会有多少人答应他们的请求，而且还让他们猜测对方需要付出多大的精力完成这些请求。[21] 在一个实验中，被试请求陌生人帮忙回答一系列琐碎的问题，号称这是他们"闯关游戏"的一部分。我们请被试预测一下人们愿意帮忙回答多少个这样零碎的问题。他们的预期平均值为25个，然而实际上陌生人平均完成了49个，几乎是被试预期中的两倍。

在随后的一系列实验中，无论是请人帮忙写推荐信，还是帮忙做笔记，无论是对演讲的表现给予反馈，还是讲解一个新的电脑程序，我们发现结论都是相似的，人们同样会低估别人愿意为之付出的努力。

同样的情况我们在"训练有素的团队"项目研究中也见到过。当时志愿者们不仅低估了愿意赞助他们的人数，也低估了每个人愿意捐助的金额。在他们的预期中，愿意捐助的人平均会捐出 48 美元左右，而实际的人均捐款额为 64 美元左右，比他们的预期高出了 33%。[22]

我们提出的艰巨请求竟然会获得别人的同意，这令我们感到吃惊的其中一个原因就是，我们倾向于低估人们愿意为别人付出到何种程度。不仅如此，需求的增大，往往意味着提出需求的背景也会随之发生变化。举例来说，请人帮个大忙时，我们想要达成的目标必然与日常麻烦别人的小小请求有所不同。被人请求捐赠骨髓的人通常已经完成配型检测，也就是说在此过程中他们已经一步步地透露出同意骨髓捐赠的可能性。同理，人们也不会毫无征兆地被人找上门，寻求一份 100 万美元的捐赠。通常来讲，提出这样的请求之前，往往有个人际关系的经营过程，人们会通过一段时间的接触，了解对方的经济实力与事务上的轻重缓急。没有人会随便去校园里抓一个大学

第三章
既然你有所求

生，张口提出需要 100 万美元。

因此，我们的问题依然存在：到目前为止我们得出的结论对于合理的巨大诉求是否依然成立？对于提出诉求的人来说，是否会对那位逢迎多年的金主最终能否拿出巨额捐款同样感到悲观呢？这就是我们所谓的"百万美元"问题。

## 可以给我 100 万美元吗？

身在学术圈，研究这个问题有个极大的便利，因为学术圈可以提供研究这个问题的完美样本：大学的系主任。要想确定人们的预期中一个巨大的诉求获得同意的概率是否与事实相符，大学系主任这个群体一定是我们再合适不过的研究对象了。在担任系主任之前，他们往往都经历了漫长的学术生涯，极少甚至完全不牵涉资金募集的工作。而对于系主任而言，最重要的工作职责之一就是筹措资金。从被指派为系主任的那一天起，他们会发现自己为了数百万美元突然被推到各种校友与捐赠人的面前。与专业致力于筹款事业的人不同，新上任的系主任往往对请求捐助这样的事情感到不自在，而且对需要怎样做才能让对方同意捐出巨额资金，也没有明确的经验和基本概念。因此，对于一个百万美元的请求，要想把一个相对而言只有新手才会有的天真预期与实际结束之际人的真实感受做比较，这样的系主任是完美的人选。

以保罗·布雷斯特（Paul Brest）为例。他曾是斯坦福大学法学院一位知名的系主任。按照他一位同事的说法，"保罗·布雷斯特可以说是搞学术的人中最典型的一位代表……，然而他却能摇身一变，成为一名资金募集人"。[23]这样的转变对布雷斯特来讲并不容易。当他从担任了12年的系主任位置上退下来时，他写道："我清楚地记得我第一次向一位校友提出捐赠请求时的情景：我喋喋不休地讲，紧张到自己根本无法停下来，甚至在对方一言未发的情况下，就主动把当初计划请求的1 000美元砍掉一半。"布雷斯特说："筹集资金并不是我的强项，……但这是我必须要做的事。"[24]

如今，布雷斯特在资金筹集上所取得的成就令人敬仰。在他担任系主任期间发起的一次筹款活动中，最初的筹集目标定为5 000万美元，但据说实际金额"完全超出了所有人的预期"。[25]1999年，布雷斯特即将卸任系主任，准备担任休利特基金会（William and Flora Hewlett Foundation）会长，负责拓展事务的副院长苏珊·贝尔（Susan Bell）受布雷斯特的指派，协助他完成了这项任务，并统计出最终的筹款金额达到1.06亿美元，比最初计划的两倍还多。[26]最终，连布雷斯特自己都吃了一惊,他写道:"在我的诸多经历中,最令我吃惊的也是令所有此前了解我的人万万没想到的事,就是我竟然成了一名挺不错的资金募集人。"[27]

为了继续研究"天大的请求"这个课题,我近来开始采访我校的各个系主任。从布雷斯特的讲述中可以看出,能够在筹款这件事上变得得心应手起来,连他自己都感到吃惊,我希望了解这样的感受是否只是发生在他身上的一个个例。到目前为止,看上去似乎并非如此。

康奈尔大学约翰逊商学院(Cornell SC Johnson College of Business)的院长、前劳工关系学院(我就读的学院)院长凯文·哈洛克(Kevin Hallock)曾承认,与大多数系主任一样,当初他们可不是因为喜欢筹集资金才被吸引到这个岗位上的。但是现在,他告诉我募集资金已经成了他最喜欢的一部分工作。哈洛克向我简单透露了一些金主云集的筹款会上通常会发生的情况。一般来讲,各个系主任都有一个筹款团队配合他们完成募集工作,并需要与潜在的募捐人搞好关系。经过仔细考量每个募捐人的募捐意愿、对对方的募捐实力做初步预判,这个团队会得出一个募捐活动的目标金额。这个金额可能会很高,有时高到令人难以置信,但由于在前期准备阶段,团队对每个捐赠人提出的捐赠请求都是量身定制的,因此当这一刻真正到来的时候，捐赠人通常都会爽快地应援。即使有时捐赠请求高于某个人的捐赠意愿或是超出对方的能力范围，对方也不会因此感到被冒犯。相反，他们常会为此感到荣幸，因为在别人的眼里他们具备那么大的实力！正如当年我在纽约宾州车站的研究一样，那种最糟糕的预想和担心，也就是人们会因为你提了某个请求，或是提了某个过高的请求而怒不可遏地冲出门外的情景，从不会发生。

亚历克斯·科尔文（Alex Colvin）是康奈尔大学劳工关系学院的现任系主任。他在我撰写这本书期间接任了这一职务，因此当我问及他时，他对自己最初着手操办筹款事宜时的记忆还非常清晰。科尔文告诉我，拿到他人生中第一笔100万美元捐款的那一天，他出来之前准备提出的捐赠请求其实是80万美元。然而，双方的交谈进行得分外愉快，于是对方在此过程中慷慨地把捐赠金额提高到了100万美元，对此，科尔文也有礼有节地欣然接受了。与"训练有素的团队"项目中的志愿者一样，科尔文（与他的募集团队）同样大大低估了这位捐赠人愿意给出的金额。

据科尔文所说，虽然捐赠金额高出最初请求的情况并非常态，但筹款这件事本身通常要比看起来容易一些。他说"人们常以为筹集捐款是系主任的职责中最艰巨的一项任务"，但是自从担任系主任一职以来,他发现"有个秘密是,你所接触的捐赠人中,有95%是愿意帮忙的。他们对于你想提出的请求会给予最慷慨的帮助,做最大程度的支持"。[28]

康奈尔大学人类生态学学院的前系主任艾伦·马赛厄斯(Alan Mathios)也表达了类似的感受。他觉得与目标捐赠人培养好关系,并且已经形成友谊之后,当需要向对方请求一笔巨额捐款的时刻真正到来时,那个气氛一定会非常尴尬。然而在大多数情况下,关于捐赠的交谈往往会比他想象中顺利很多,马赛厄斯也常常在知晓对方愿意捐赠的金额时感受到惊喜。

诚然,向实力雄厚的校友请求捐赠100万美元与我此前的实验室研究相比,事件发生的场合是完全不同的。你不可能随便找一个陌生人,向对方求取100万美元,而且即便你这么做,对方显然也不会答应。因此毫无疑问,场合非常重要。但是,尽管在人员范畴、所处的情势,以及做事动机等诸多方面有这样那样的不同,有一点却是相通的:人们会对请求是否能得到别人的同意,以及什么样的请求会得到同意持过度悲观的预期。即使是位高权重之人似乎也会为自己所拥有的影响力以及别人愿意为他们做的事感到意外,尽管他们所求之事在规模与程度上都是我们多数人想都不敢想的事。我们会在后续章节中再来讨论这个问题。

顺　从

## 所求皆如愿，有时候是这样的

让我们诚实一点吧，有时候我们不只是想要别人注意到我们或听到我们的声音这么简单——我们其实希望他们能为我们做些什么。我们想要他们为我们的事业提供捐助、让他们在我们的请愿书上签字，或是能助我们一臂之力。但这个过程必然涉及向别人张口索取，而这一点是我们深恶痛绝的。

因此，我们常常在需要求人的时候劝说自己打了退堂鼓，尽管这句求人的话可能会让我们的生活少费点力，多一些轻松。我们觉得请求帮助显得自己很蠢。我们觉得即便说了也会遭到拒绝。用谈判中的行话来说，我们甚至还没上桌谈条件就先认输了。即便我在怀孕 8 个月的情况下，我的第一反应仍然是挺着肚子站着、等着，希望有人能够主动提出给我让个座，而不会主动去提这个请求。如今能够帮我克服这些退缩冲动的，是多年前我在纽约宾州车站四处寻人帮忙时所感受到的真相，也源于多年的实验中，我一遍遍见证的别人愿意帮忙时会给人带来的惊讶。

当我们想要求助时，往往会过度悲观，担心遭到拒绝。这样的悲观不但令我们羞于提出请求，而且会导致我们为了获得别人的同意，做一些让自己输了气势或是画蛇添足的事，殊不知即使我们不做这些多余的事，别人也一样会伸出援手。我们选择压缩自己的实际需求，或是多此一举地提出给予酬谢。回想一下，保罗·布雷斯特第一次向一位潜在的金主请求捐助时，自降需求，把计划中的金额减半。还有我的丈夫，在机械工愿意无偿提供帮助的情况下，仍然觉得必须提供给对方双倍酬劳。我们自认为这些措施会大大增加我们获得同意的概率，而实际上，很多情况下人们愿意为我们做的事情会超出我们的预期，并且他们常常不求回报。正如我们所见，无论是请街头的陌生人填一份问卷这样的微小请求，还是向捐助人求取 100 万美元的巨大需求，这些效应同样存在。

多年来在求助这件事情上的研究让我明白，人们远比我们想象中更加乐善好施，并且不求回报。既然如此，我会没完没了地向别人求助吗？不会。但当我恰好需要做某事时，清楚明白地表达出自己的诉求现在看起来更像是一个可行的方案，所以我不会再无助地等待有人主动为我让出一个座位。现在的我更清楚自己所提出的诉求蕴含多大的力量，因此我会谨慎地使用它们，这一点我会在后续几章中再次提到。

顺 从

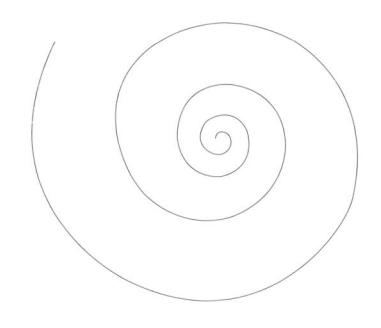

# 第四章
## 为什么说"不"那么难

在我的实验中，当被试得知他们需要走出实验室，向生活中真正的陌生人提些请求时，空气中明显多了几分不安。很多人即刻对将要进行的活动表现出了畏惧。但是当他们完成任务回到实验室时，看得出他们非常开心，因为他们完全没有想到这件事竟然可以如此轻松愉快。就像我在前面的章节中所述，毫不夸张地说，有的人是一蹦一跳地回到实验室的。

但我们之前讲述的那个故事并没有那么简单，它有更复杂的一面，而这也是我认为更有趣的地方。被试当初在为他们的成功欢呼雀跃时，我并没有立即告诉他们那么多人之所以会说"好"，很大一部分原因是说"不"太难了。从某种程度上来说，我们其实都知道是这么回事，因为我们自己都体验过一句"不"有多难讲出口。我们答应过别人很多事，比如承担委员会的事务、与别人共进午餐、给别人行方便等，事后想来都觉得有违本意。但当我们成为那个提出请求的人时，特别是向陌生人求助时，我们似乎又忘记了拒绝之难。于是我们高估了自己遭到拒绝的可能性，也会转而采用更加低效的方式去寻求帮助，这一点我会在本章进行探讨。

## 尴尬，是种难以承受的恐惧

为什么说"不"那么难？其实多年来社会学家一直在探讨这个问题的答案，不过他们没有把它称为"影响力"，而是称作"涵养"。没错，你刚刚答应去组织那个令人心生厌烦的活动，正是由于行事须体面的思想根深蒂固，难以违背。社会学界最响当当的人物之一欧文·戈夫曼（Erving Goffman）用了一种更专业的说法。他将其称为"面子"。[1] "脸面"是你在众人面前呈现出来的样子，是你为自己树立的人物形象，也是你向他人求索时认为应把握的合理分寸。公民社会中的一个共识就是我们应保护他人的脸面，他人也应保护我们的脸面。因此，如果萨莉说她很抱歉，因为身体特别不舒服无法参加你的活动，而你却说"才不是呢，瑞贝卡说她昨天晚上还在酒吧看到了你"，那么你就没有做到给别人留"面子"。当然，通常情况下我们不会干这种挑战别人"脸面"的事，因为这对牵涉其中的所有人来说都是一件极度不舒服的事。这下萨莉脸红了，瑞贝卡溜走了，你自己也觉得怪扫兴的。

当我向你请求某件事时，同样是一个类似的过程。如果我走上前向你借用手机，这个行为背后的潜台词是：我是一个靠谱的人，向你借用手机是一个合理的请求。如果你当即说"不行"，就等于驳斥了上述假设。对向你借手机的人说"不"暗示了你不相信我会把手机还给你。对于这一现象，我最喜欢的一个说法是由康奈尔大学商学院的教授苏尼塔·沙赫（Sunita Sah）提出的，叫作"影射焦虑"。[2] 我们对自己的举动会不会让人产生负面联想有很多顾虑。所以如果我们不愿意把手机借给对方，我们会支支吾吾，一再向对方做出解释，比如告诉对方换任何一天我们都会愿意，甚至会非常荣幸地把手机交给对方，但今天手机确实马上要没电了，我们还需要用到它，等等。总之，我们只是想要告诉对方，不借手机并没有暗指他们不值得相信。但实际上我们很少会拒绝类似的请求，因为拒绝的话一说出口，在场的每个人都会感到难堪，而这种感受是我们极其痛恨的。

事实上，为了不让自己陷入尴尬，我们会做各种各样的事情避免这样的处境，甚至不惜一切代价。每年有大约 5 000 人

顺　从

死于噎食窒息，³一部分原因是他们没有向同桌就餐的人寻求帮助，反而起身离开了饭桌，⁴没错，因为他们担心丢面子。

德高望重的已故心理学家约翰·萨比尼（John Sabini）与他的同事曾论证过，社会心理学中相当一部分最具标志性的研究成果都可以归因于人们对丢面子这件事的极度恐惧，⁵比如心理学家约翰·达利（John Darley）与比布·拉塔纳（Bibb Latané）的一个经典研究发现——"旁观者效应"。⁶这项发现指出，在紧急情况下，如果人们发现周围还有其他人，特别是在人很多的情况下，人们采取措施的可能性会变小。

这一效应在许多设计精巧的实验中得到了充分的印证。有一个实验令人印象深刻。前来参加研究的被试被安排坐在一间等待室完成一些问卷。⁷按照不同的实验条件设定，他们有的被单独安排在一个房间，有的与另外两名被试在同一个房间，还有的与两名假装成被试的研究人员共同待在一个房间。突然间，房间里冒起了烟。研究人员想要观察的是在每种设定条件下，会采取通报措施的被试比例有多大。

单独待在一个房间的被试中，绝大多数人把房间冒烟的情况通报给了实验室工作人员，这一比例为75%。这个做法非常合理，因为屋里的烟较浓，不是随便什么原因可以解释得通的。按照研究人员的描述，"实验快结束的时候，烟已经浓到让人无法看清东西了"。所以在这种设定条件下，75%的人认为屋里的烟已经浓到有必要向工作人员提出警示的程度。所以我们以75%为参考基准，假设在另外两种实验条件下，屋里也会有同样比例的被试会认为烟已经浓到需要告知工作人员的程度。

然而，当被试与另外两名被试坐在同一间等待室里时，这些组别中向工作人员汇报了这一情况的人数比例仅为38%。更糟的是最后一种情形中，两名假扮被试的研究人员表现出一副一切如常的样子，这种情况下，与他们共处一室的被试中，仅有10%汇报了屋里冒烟的情况，其他人"有的挥动着手试图把面前的浓烟扇走，有的咳嗽、揉眼、开窗通风，但就是没有一个人通报这个情况"。[8]

这个效果太具有戏剧性了。试想这些被试坐在一座显然已经着了火的大楼中，却仍在扇着眼前的烟，试图在别人面前故作镇定。为什么会这样呢？心理学入门课程中常用"责任分散效应"来解释这种行为。它的核心内容是说，处在一个紧急情况下的人越多，其中每个个体觉得自己需要采取措施的责任就越小。他们认为会有人承担起，或已经有人承担起这种情况下需要去承担的责任（比如拨打报警电话，或把问题上报给负责人）。这一理论或许可以解释为什么被试在明知别人也意识到危险的情况下，没能把冒烟的情况进行上报的问题，但它不能解释为什么他们会坐在那里假装一切都没有发生。

有一种更容易用来解释被试这种奇怪行为的理论叫作"多数无知"（pluralistic ignorance）理论。[9,10] 在类似上述实验的情形下，基本上身处其中的每个人都会感受到恐惧，想知道应该采取些什么措施。但是在最初还没回过神来、人还有些将信将疑的那个瞬间里，他们环顾四周，发现的是其他人都无动于衷。这就导致他们在怀疑是否本就没有必要采取措施。当每个人都这么想时，通常就会有非常糟糕的群体性决策出现：什么都不做。因为每个人都没有意识到其他人实际上与他们的想法都一样，大家都认为应该有人会采取而且是迅速采取了必要的措施。按照这个解释，上述研究中的被试坐在那里表现得若无其事，是因为坐在那里的每个人看上去都若无其事，因此他们便认为这一切可能都是正常的。但是在我看来，一个人会觉得在等待室里被烟呛到属于正常情况，这种想法似乎又有些离谱。不过没关系，我们来继续研究。

"责任分散效应"与"多数无知"理论都从某种程度上对被试的行为做出了合理化的解释，但这两种解释似乎都没能用令人信服的方式讲清楚被试到底想了些什么，能够具备如此大的力量，让他们无可救药地在危急关头稳如泰山地坐在自己的板凳上。约翰·萨比尼与他的同事们是在最初的研究项目过去几十年后,才提出一种可以对这种现象进行解释的理论:归根结底,无论被试是没有意识到自己有采取措施的责任,还是觉得与别人相比自己的反应过激了,他们的行为最根本的原因在于,无论是从座位上跳起来,还是去找工作人员,还是拨打报警电话强调事态的严重性,任何一种干预行为最终都有可能让自己陷入尴尬。[11]万一情况不像他们说的那么严重怎么办?如果已经有人在处理这件事,会不会惹对方不悦(因此让自己失了脸面)?人人都看上去(表面上)镇定自若,只有我慌慌张张会不会显得很蠢?为了极力避免这些可能出现的尴尬场面,绝大多数人选择不采取行动——选择了坐在浓烟中咳嗽不止,无可奈何地强装镇定。

了解了这些情况,我们就不会对人们频繁地同意我们的请求感到惊讶了。还是以借手机为例,想象你随机走向一个陌生人去借手机的情景。如果他们说"好的",并把手机递给你,他们其实有可能把自己置于潜在的风险中。比如,如果你是个小偷怎么办?如果你打了国际长途怎么办?如果你乱动手机中对方的个人信息怎么办?但反过来讲,如果他们说"不",这就暗示了你在对方眼中可能是个小偷,可能会用光对方的话费,或者可能会窥探对方手机中的信息。换言之,如果他们说

顺 从

"不",有可能会让双方都下不了台。我们刚刚看到过人们宁愿坐在着火的大楼中也不愿承受尴尬带来的窘迫感。所以,如果我们猜测对方会在这种情况下说声"好的",把几乎人手一个的要紧设备递给你,①并且全程还表现得波澜不惊的话,这样的猜测并不为过。

## 为什么通过电子邮件说"不"更容易

类似的情况也在一系列其他实验中出现过,有些你一定听说过,比如斯坦利·米尔格拉姆(Stanley Milgram)颇具争议的电击实验。[12] 这个实验通常被人们称为服从实验,很多人记得它是因为这项实验在伦理道理层面引发的质疑,但碰巧的是这些实验实际上非常有助于解释我们在平凡的每一天中是如何对别人产生影响的,比如向别人提出请求时,我们应该当面去求助,还是通过电子邮件来表达。

上面提到的电击实验中,被试了解到他们要参加一个关于学习的实验,每个人都得知自己被随机地分配为"老师"的角

---

① 就算这么做有带来卫生问题的可能,参考:Panigrahi, Sunil Kumar, Vineet Kumar Pathak, M. Mohan Kumar, and Utsav Raj. "Covid-19 and mobile phone hygiene in healthcare settings." BMJ Global Health 5, no. 4 (2020): e002505. https://www.ncbi.nlm.nih.gov/pmc/articles/PMC7204931/.。——作者注

色。"学生"的任务是要去记忆成对的词组，不过"学生"是由一名演员扮演的被试，这名"学生"会在这个过程中不断地出错，其实后来这名演员的声音被悄悄替换成了提前录好的声音。每次学生出错时，被试（"老师"的角色）就需要对他实施一次痛苦的电击。电击的强度会不断增加，直至"学生"苦苦求饶让"老师"停下来，直到最后电击导致"学生"表现出心脏病发作的情况。整个实验期间，穿着实验室白大褂的实验研究员一直站在被试的身后，只会说"请继续"，或是"实验必须进行下去"。在这项研究最有名的一个版本中，实验数据触目惊心，65%的被试把电击操作一路执行下去，直至电压达到最高值。

从过去到现在，人们普遍认为这项研究诠释的是人们对权威的盲从现象。实验室中穿着工作服的那位实验人员代表了耶鲁大学心理学系，自带一种令被试信服的权威气势。这其中还体现了一些"责任分散效应"的因素。料想对于被试来说，实验中若发生任何可能招致道德与法律谴责的事情，实验研究人员同样难辞其咎，甚至应负主要责任。

不过这不是米尔格拉姆针对这项研究所做的唯一实验版本。在同一研究的另一个实验版本中，研究人员是通过电话从另一个房间给被试传达指令的。令人惊诧的是，在这种情况

顺 从

下，只有20%的被试把电击强度调到了最大。[13]为什么研究人员与被试在不在同一个房间会对被试对指令的服从程度产生如此巨大的影响？这位研究人员依然代表着权威人物，同样穿着实验室的白大褂，实验还是在耶鲁大学进行的，而且他依然应该对实验中发生的任何事情承担绝大部分责任。

如果我们再次考虑萨比尼与他同事关于尴尬的见解，这一切就能说得通了。试想在第一个实验中，如果想拒绝继续执行研究人员的要求，这对于被试来讲是件多么令人为难的事啊。他们本可以说"不"的，而且事实上如果他们说"不"的情况达到4次，研究人员需要按要求停止实验。但对于研究人员来说，这样的拒绝暗指了些什么呢？说明他们道德低下？他们的要求不可理喻？他们配不上自己的形象（一个负责任的科学家）？总而言之，这会让他们"颜面"尽失。这就好比"你才没生病呢，瑞贝卡说她昨天晚上还在酒吧看到你"的场景重现，只不过这次发生在站在你身后穿着白色实验服的耶鲁心理学教授身上。然而当研究人员在另一个房间时，如果被试想要拒绝执行实验（含蓄地指出对方道德沦丧），他们不必转过头直面研究人员，这会让他们在做这件事的时候感觉自在许多。

当你无须当面拒绝一个人时，说出一个"不"字就容易多了（即不太尴尬）。这对于我们日常需要做出的诸多决定来说

第四章
为什么说"不"那么难

具有极大的意义。我应该怎样试着去说服某个人？给他打个电话，发个邮件，还是穿过走廊直接冲到对方的办公室？表面来看，电子邮件像是最佳的选择，因为很容易。而且如果我们预计自己有可能被拒绝，通过邮件被拒绝远比当面被拒绝有面子多了。我们甚至可能会劝自己相信用邮件去说服别人自有优势，毕竟这样对方会有充足的时间仔细领会我们的谆谆劝导。而且很多人依然会犯我们第二章中所讲的错误，（错误地）担心自己的"措辞不够准确"，而邮件给了我们将所要表达的信息精雕细琢的机会。但米尔格拉姆的研究结果应该能让我们停下来想一想。邮件给了信息接收人一个非常容易脱身的机会。他们不必当着你的面拒绝你。如此看来，亲自出现在当事人的面前实际上是我们发挥影响力最有效的策略之一，恐怕也是最未能得到充分利用的手段之一。

这个结论在我的实验中也多次得到验证。一般来讲，被试当面向别人求助的时候，他们发现遭到拒绝的概率远远低于预期。但是，当我和我从前的一名学生，现在多伦多瑞尔森大学任助理教授的玛迪·罗甘尼查德（Mahdi Roghanizad）请被试通过邮件向陌生人发出请求时，我们发现结果呈现相反的规律。人们拒绝请求的次数比想象中多。实际上，他们甚至无须拒绝什么。他们只须完全忽略这封邮件即可避免说"不"带来的诸多麻烦和尴尬，而这一点在对方真正站在面前向你求助时是完全无法做到的。因此，当人们被当面请求填写问卷时，同意帮忙的人比通过邮件答应填写问卷的人多出了34倍。[14]

试想如果当初刚刚开启研究生涯时，我没有去纽约宾州车站亲自走向一个个陌生人，而是发邮件给他们，我得到的体验可能完全是另一种情形，关于影响力的观点也许会大不相同。

不过在我的研究结果中，还有一点需要补充：参与我的研究的被试显然不知道当面提出请求会对结果有多么大的影响。无论他们需要当面求助还是通过邮件求助，他们预期中都认为大约有一半的人会答应他们的请求。这个猜测大大低于面对面求助时的实际情况，但又大大高出了以邮件方式求助时获得的同意的答复。为什么被试对于当面提出请求的巨大作用一无所知呢？这是我们接下来要讨论的问题。

## 我们觉得尴尬不足为患

尴尬，准确来说是我们为了避免尴尬所做的事，能够对我们的生活产生巨大的影响。然而我们往往意识不到，人的许多行为背后是尴尬在作祟。从情绪的角度来讲，我们认为尴尬算不得要紧。但如果是愤怒呢？这恐怕是需要你去努力控制的一件事。悲伤呢？或许休息一天，窝在沙发中大哭一场就好了。至于尴尬，没必要把它当回事，难道不应该是一笑了之，该干什么干什么吗？可是，正如我们所了解的，尴尬绝非小事。人们为了避免陷入这种似乎不痛不痒的小情绪，会做出许多糟糕的决定，即使在碰到噎食窒息、满屋浓烟，或是在别人的鼓动下对人下手实施危险的电击操作等危急情况时，也不例外。

或许在我讲述上述各种实验的时候，你会想，我永远都不会干这样的事！我不会同意参加任何会对别人造成伤害的实验。如果看到屋子里冒烟，我一定会告诉别人。我才不会因为害怕尴尬这样的愚蠢原因让自己做出错误的决定。事实上，大多数人都是这么想的。我们认为我们是好人，是有责任心的人；我们想做好人、做有责任心的人。而且，事实也是如此，我们大多数人确实都是好人，也都是有责任心的人。但研究表明当我们真的面临这些情景时，无论本意有多好，大多数人仍然会因为可能出现的尴尬局面选择去参加实验，或是在冒烟的房间中保持沉默。也就是说，多数人认为自己在这样的情景下会怎么做与实际中他们会怎么做，两者之间有脱节，原因就在于我们都低估了尴尬的力量。人们往往会低估自己对尴尬的恐惧，这也是我们对自己的影响力缺乏认识的主要因素之一。

为了研究人们为何倾向于忽略尴尬的力量，研究人员将人们面对某些尴尬局面时，自认为会采取的应对方式与实际的反应进行了比较。我们先来看米尔格拉姆。他请另一间房中不太了解电击实验结果的人来回答，在他们看来会有多少被试同意向另一名听得出来在极力反抗的被试执行电击，结果他们认为这个比例应该不到1%（这与实际中65%的比例相去万里）。[15]

心理学家利夫·范博文（Leaf Van Boven）、乔治·勒文施泰因（George Loewenstein）与戴维·邓宁（David Dunning）用一种更直接的方法来研究这个问题。在一项研究中，研究对象是前往大礼堂听讲座的大学生，礼堂的前方设有一个舞台，当学生们开始三三两两进入礼堂时，发现礼堂中播放的是里克·詹姆斯的歌《超级怪胎》（Super Freak）（需要说明一点，这首歌并非学生们通常进教室时播放的曲目）。[16] 每个学生手中都拿到一张纸，上面印有一些说明。有的学生手中的说明是如果他们选择上台当着全体同学的面独自跟着正在播放的音乐跳个舞，就能获得一些钱。另一些学生手中的说明告诉他们的是，教室中其他选择上台独自跳舞的同学可以获得一些钱。这样一来，当着每个人的面上台跳舞对于某些学生来说，纯粹是想象中的假设场景，但对于另外一些同学来说，是一个切实可以做出的选择。

之后所有的同学都回答了两个主要问题：最低给你多少钱

你才愿意上台跳舞？对于那些随机选中可以上台跳舞的同学，你觉得最低给他们多少钱他们才愿意上台跳舞？当学生面临的上台跳舞只是假设情形时，他们认为最低需要给到的金额平均为 21.07 美元。当学生面临的是切实可能上台跳舞的情形时，他们认为最低需要给到他们的金额达到了平均 52.88 美元，翻了一倍还要多。而且即使学生们认为自己需要 50 多美元才愿意上台，他们却认为其他同学只要给到 19.22 美元就愿意上台跳舞。

研究人员把这种现象称作"勇气错觉"，部分原因是它完美呈现了我们对于别人的勇气所持的误解。我们认为别人比我们更勇敢，认为他们在上述事例中并不会像我们一样太过在意是否会陷入难堪。但事实当然并非如此。不可否认确实存在比我们更有勇气的人，但总体来看，我们都差不多。你觉得给我 20 美元我就愿意上台，但实际上我说的数超过了 50 美元，跟你没什么两样。

很显然，我们倾向于低估尴尬对别人造成的困扰，而正是这一点导致我们低估了别人愿意答应我们请求的可能性，让我们惊讶于愿意伸出援手的人数之众。正如前文所述，对当面提出请求的人说一个"不"字，坦白来讲太令人尴尬了。所以为了避免这种处境，人们会说出一声"好的"。《超级怪胎》这个实验说明的另一个问题是，当我们不是那个需要直接面临尴尬场面的人时，我们似乎会对别人克服尴尬所需要的巨大勇气缺乏认同。因此我们会以为上台跳舞对别人来讲是件更容易的事。以此类推，我们也会以为别人比我们更容易做到当面拒绝一个人。

"勇气错觉"不仅会让我们误以为别人拒绝我们是件轻松自如的事，还会让我们对求助的最佳方式产生误解。如本章开头所述，人们并没有意识到当面提出请求的效果会比通过邮件求助好多少，而这并不是人们对于什么才是最好的求助方式所持的唯一误解。

我和弗兰克·弗林在相关研究中发现，在人们的认知中，通过间接方式向别人求助的效果并不亚于，甚至更胜于直接求助。[17] 我们做的一个实验依稀让我想起前面的章节中提到的我挺着孕期的大肚子希望有人主动让座的事。在这个实验中，我们给被试描述了一些场景，让他们想象自己直接求助与间接求助时的情形。以其中一个场景为例，被试需要想象自己推着婴儿车站在楼梯顶端，需要找人帮忙把车抬下来的情景。一部分人想象自己与可能帮他们搭把手的人目光相遇，另一部分人想象自己直接问出来，请对方帮忙把车抬下去。不可思议的是，被试认为仅凭目光交汇就能起到与直接向人求助一样的效果。

可是，那些有可能出手相助的人显然不是这样看待这件事的。在这个实验场景中，我们还邀请了另外一些被试采取了路人的视角。据他们所说，如果有人直接向他们求助，他们出手帮忙的可能性更大。对于这个结果，我们不应感到惊奇，因为我们已经知道，相比避开某个人求助的目光，拒绝一个明确向你提出请求的人是件更为困难的事。可是这个结果出乎被试的意料，因为他们并未思考在哪种情况下逃避帮忙会更令人尴尬，所以他们也没能意识到直接向人求助的效果会有多好。

总之，尴尬在人们的行为背后起到了重要作用，但由于缺乏这种认识，我们便不知自己其实有能力使别人按我们的意愿行事，更曲解了什么才是发挥影响力最有效的策略。也正是因此，我们会一而再、再而三地低估自身的影响力。我们用更低效的方式求助，这种方式给了别人轻松拒绝我们的机会，也成为我们再一次相信自己的影响力并没有实际中大的理由。

## 我们以为自己会坚持原则

《超级怪胎》这个实验给我们的启示是多方面的。它不仅揭示了我们对其他人的勇气有什么样的误解，更重要的是，它还透露出我们对自己的误解。我们自认为有勇气面对尴尬的处境,但实则不然。如果做某件令人难堪的事完全是假设中的场景,我们以为应对这种场面会比实际中更容易,也自认为更有可能采取相应的措施。

了解这一点至关重要,因为要不要站上舞台跳个舞并不是唯一一个需要我们去回答的尴尬问题。我们常常在很多更重要的事情上,需要决定要不要冒着出丑的可能去说些什么或做些什么,比如当我们亲历或见证不公时,或是当我们纠结于是否应对此事发难时,因为很多情况下这意味着要去挑战一些人的"脸面"。研究显示,当我们假想某些情况下我们所做的反应时,比如遭到性骚扰时,或是听到别人的言论中涉及种族歧视或对同性恋者的憎恶时,我们同样会对这种情况下站出来大声疾呼所需要克服的不适感缺乏足够的认识。因此,我们认为自己会比实际中更有胆魄,更不惧挑战,而且认为别人也会比实际中更加勇敢。

心理学家朱莉·伍兹卡(Julie Woodzicka)与玛丽安娜·拉弗朗斯(Marianne LaFrance)在一项研究中,请一些女性被试想象自己如果在工作面试中被问到具有性骚扰意味的问题时会有什么反应,并安排另一些女性被试在真实场合中被问到这种问题[18](不可思议的是,这样的问题竟然通过了学校的职业道德审查)。一名男性面试官在面试中常规的问题之间,时不时夹杂一些这样的问题：你有男朋友吗？你觉得你在别人眼中有吸引力吗？你觉得女性是否必须穿着文胸上班？

不出所料，如果这种情况只发生在设想中，被试认为自己对这些不合时宜的问题表示抗议的方式五花八门：68%的人称她们至少会拒绝回答其中一个问题；62%的人称她们会回怼面试官这样的问题不合时宜；28%的人称她们会干脆掉头离开。然而在那些真正被问到这些问题的被试中，没有一个人拒绝回答其中任何一个问题，也几乎没有人当着面试官的面明确质疑这些问题的性质。

想象这个场景的被试觉得自己会非常愤怒，一定要去质问面试官一番。但真正被问到这些问题的被试更多地感受到的是胆怯，这就导致她们试着不去理会这些问题的不妥之处，听之任之。更有甚者，研究人员发现在面试官的问题变得越发不堪入耳时，应聘人员会有一种奇怪的反应：微笑。这个反应乍看非常奇怪，但仔细观察就会发现，她们的微笑属于"非杜彻尼式的微笑"。这是一种不会调动整张脸的微笑。尽管嘴角是上扬的，但眼周没有笑纹，脸颊肌肉也没有动起来，而这些都是发自内心感到快乐时人会有的反应。与这些积极的感受不同，非杜彻尼式的微笑往往与姑息与隐忍有关。因此，在想象中怒不可遏地要给提出越界问题的面试官几分颜色瞧瞧的被试，到

顺 从

了实际中会用尴尬的假笑息事宁人。

在心理学家詹尼弗·克罗斯比（Jennifer Crosby）与约翰尼斯·威尔逊（Johannes Wilson）的另一项研究中，被试对于他们在遇到歧视时可能会做出的反应也有类似的误判。[19] 研究中，一名研究助理假扮成一名被试，在做自我介绍的过程中，透露自己除了参加其他的课外活动，还是同性恋学生会中的积极分子。之后他号称需要去洗手间，在离开房间的时候碰到了另一名假扮成被试的研究助理的腿。就在这时，被碰到腿的这位研究助理嘀咕了一句污蔑同性恋人士的话。此时，真正的被试与这个出言冒犯同性恋人士的人单独在这间屋子里待了1分钟。被试所不知的是，整个过程全部被录了下来。

研究人员想要观察在这1分钟里，房间里的被试会作何反应。与此同时，还有另一群被试在想象如果自己处在这样的场景下，自己会做些什么。当人们只是想象自己面临这样的处境时，几乎有一半的人认为自己会出面质疑那名出言不逊的研究助理。可是实际经历着这一切的被试中，没有一人对此事说过一个字。

如果你在思考类似的事情是否会不断助长个人种族主义的话，我想说答案是肯定的。我们并不会像自己想象中一样那么容易去谴责种族歧视的言论。在另一个由社会心理学家川上克里（Kerry Kawakami）牵头的研究中，83%的人在想象自己工作中遇到某个发表过种族歧视言论的人时，认为自己会拒绝在后续的工作中与此人共事。然而真的目睹有人在种族问题上语带歧视时，只有37%的被试为此拒绝与之共事。[20]这就意味着，在曝光度很高的警察暴力执法或种族歧视事件出现之后，社交媒体上可能会出现如潮的声援，但这样的支持会在多大程度上体现为人们目睹种族歧视时敢于挺身而出的勇气，我们不得而知。

这些研究实验的一个共同点在于它们都涉及需要挑战或威胁到别人的"面子"。当一个人发表了不当言论时，无论它关乎性别歧视、同性恋歧视还是种族歧视，他们内心深处都认为"我觉得说这些话没毛病"。当你为此质疑他们，就相当于冲着他们呈现在众人面前的"脸面"公开叫板，这对你来讲是件非常令人不自在的事。所以，正如你在想象中认为自己愿意为了几元钱上台跳舞，当所有问题完全是基于假设时，我们同样会认为自己更愿意在面对种种歧视问题时采取有力的措施，为自己与他人大声疾呼。我们认为我们的愤怒与维护社会正义的本能会占上风，但对于尴尬的畏惧却令我们临阵退缩，只是我们常常意识不到而已。

更有甚者，这还意味着我们无心说出的一些话有可能带有种族歧视的意味，有可能不合时宜，也有可能给别人带来伤害，但我们可能从未意识到，因为多数情况下没有人会告诉我们。人非圣贤，难免会说些错话，听上去伤人又冷漠。所以有时候别人也不免会因为我们的言行感到愤怒、低落、不悦，甚至陷入迷惘。理想情况下，我们希望能够了解我们在什么时候说的哪些话、做的哪些事会给别人造成这样的困扰，以便我们能够修正自己的行为。然而，那些被我们伤害到、冒犯到的人恐怕不会当面告诉我们他们的感受，因为对尴尬的恐惧麻痹了他们的神经，而这种恐惧人人都想极力避免，甚至从未意识到过。这一点我们会在后面的两章中再来探讨。

## 当真理掌握在恶人手中

这个世界上确实有人对尴尬的力量以及它在人们的行为背后所发挥的作用有清醒的认识。比如社会工程师。这些人是可以通过社交方式而非技术手段盗取绝密信息的黑客。与编写复杂的密码破译软件不同，他们可以给你打电话，给你充分的理由交出自己的密码。他们可以为了某些恶毒的目的玩转各种能够说服别人的花招，包括充分利用别人不好意思说"不"的心理。他们谎称自己是新来的IT（互联网技术）人员或是你老板的同僚，被他们盯上的人无须经历驳人"面子"的尴尬，但会错误地选择相信他们，最终把敏感信息交出去。

凯文·米特尼克（Kevin Mitnick）曾经是一名世界顶级黑客，入狱服刑 5 年后摇身一变成为一名计算机安全顾问，服务于 IBM（国际商业机器公司）、联邦快递 FedEx 等这样的公司。他在自传《线上幽灵》(*Ghost in the Wires*) 一书中，讲述了自己是如何运用各种工具对通信公司摩托罗拉实施那次臭名远扬的黑客攻击的。[21] 米特尼克运用的策略极其精巧，同时又简单到令人发指。他只是简单地给某些员工打电话，与他们聊天，并在对话中小心地穿插一些他精心编排的内容，直至被他盯上的这个人足够相信他的话，愿意把自己的密码、公司的机密文件与其他高度敏感的信息和盘托出。当然，在这个过程中，有些人应该也曾保留过戒心。他们可能怀疑过自己是否可以把信息提供给对方。但米特尼克拿准了一件事，这件事在我们本章的研究中曾一次次提到，那就是相比戳穿别人的老底、冒误会别人导致人人下不了台的风险，人们很快会放弃对一个可疑的托词或请求做过多计较。[22]

在对摩托罗拉实施攻击的一个阶段中，米特尼克描述了自己给一个叫"史蒂夫"的员工打电话的事。他编造了一个故事，称由于出现 IT 错误，许多数据丢失，也就是说史蒂夫的文件可能也会在几天之内无法修复。当他感觉到史蒂夫被这个突发事件弄得很沮丧时,米特尼克告诉史蒂夫他有一个办法能很快帮史蒂夫恢复文件,不过需要史蒂夫提供他的密码。一开始史蒂夫有些迟疑,要求米特尼克证明自己的身份。但米特尼克接着往下演,号称自己本来应该可以找得到史蒂夫的密码信息,他一会儿发出关抽屉的声音,一会儿在远一点的地方敲击键盘,假装从自己的文件中翻找史蒂夫的密码。米特尼克这出戏演得非常投入,以至于史蒂夫觉得自己如果再接着追问对方的身份会显得非常奇怪。因为他不大可能真的说出"你根本没有在打字!"或"这一切都是你编的!"之类的话,否则一旦自己说的是错的,会显得自己荒唐可笑,颜面尽失。而且,他确实也想修复自己的文件。于是,史蒂夫让步了,交出了自己的密码。

米特尼克还讲述了在另一阶段的攻击中自己是如何攻克一个项目经理的行政助理的。他(通过一封发送出去的休假信息)提前了解到这名项目经理已经外出。米特尼克直接给他的行政助理(叫"阿莉莎")[23]打来电话,称自己与她的老板有合作,但她的老板忘了在休假之前把一套文件发给他了。阿莉莎从来没有质疑过这个故事,而且还颇费了一番功夫把许多敏感文件发给了米特尼克。在他们交谈的过程中,她一度发现自己无法把文件成功发送出去，因为这些文件被传送到了摩托罗拉公司之外的 IP 地址上，因此她不断地收到安全出错的系统提示。这本应是一个警示，然而她非但没有质疑米特尼克要求她把文件发到公司之外的行为是否妥当，反而找了系统安全管理员来帮忙。请注意，安全人员没有与米特尼克对话，而是直接让阿莉莎使用了系统安全管理员的用户名与密码，让这些文件的传输成功避开了安全检查，而设置这些安全检查的目的本就是防止敏感信息落入像米特尼克这样的人手中。

我们先不要轻易觉得故事中出现的这些人物太容易上当受骗，也不要太过自信觉得自己永远不会做出这样的事。让我们回想一下此前我们讲述过的研究实验。如我们所见，人们认为自己会在面对骚扰或威权时有足够的胆魄反抗些什么，而实际中做到这一点的人并不多。书中的情景也一样。我们认为我们会比史蒂夫与阿莉莎更机智、更不易受人蛊惑、更能立场坚定地保持质疑。但事实上，我们很可能也做不到。我们的本能是相信别人，而不是质疑他们是谁，而且就算我们心存疑虑，就像史蒂夫与阿莉莎一样，我们也极少会把质疑提出来。

从这些例子中，我们能得到很多教训。不过我想在此着重强调的是人们对于尴尬的过分焦虑是一种简单但威力十足的影响力机制。问题是我们不愿意用这样的方式动用它，反而让世上像米特尼克这样的人把它利用到了极致。但其实这种力量能发挥作用的地方还有很多。

## 要不算了吧？可能也没必要麻烦别人

至此我们应该已经明白，对于尴尬的恐惧是种强大的力量，足以让人们点头同意许多事情。同时我们也应该明白，我们之所以会低估别人愿意帮助我们的可能性，是因为我们没能意识到别人也同样对尴尬心存抗拒。这就是为什么我们会对别人愿意帮助我们所做的各种事情感到意外，毕竟我们不是那些黑客。

既然如此，你可能会怀疑自己是否还能向别人求助些什么。因为没有人希望别人为我们做事是因为拒绝太难说出口，所以不得已而为之。事实也是如此，当你向别人提出请求时，你确实在某种程度上把对方置于了这样的境地。他们要怎么做呢？拒绝你，然后把整个气氛搞僵？很可能不会是这样。

但是请注意，尽管人们可能会觉得把"不"说出口非常难，但有时他们也会真诚地说声"好的"，当然这种情况恐怕不会发生在把密码交给陌生人这样的请求上，但极有可能发生在其他你犹豫着要不要张口请求的事上。诚然，阿莉莎当时也不想被凯文·米特尼克设下的圈套所骗，她只是想帮帮忙，甚至不惜绕开安全规程来帮人解困。

人们想为别人做一些善事。他们希望感受到助人为乐本身所散发出的温暖光芒，希望自己做个好人。所以当你向别人求助时，虽然你把这个问题抛给了对方，但你同时也给了对方一个自我感觉良好的机会。因为当你离开时，他们不会想到自己答应你的请求有多么情非得已，而是会因为自己帮助了一个身在困境中的人，暗暗在心中为自己叫好。

人类有许多心理防御机制，主要作用就是让我们自我感觉良好。我们会重新想象自己做过的事，让它以最美好的角度呈现在我们的记忆中。我们会用各种方式重新解读自己的行为，让它看起来合情合理，看起来有意义，许多情况下这种意义都是在事后才被我们赋予的。

我们倾向于认为人们会做什么事取决于他们是什么样的人，相信什么样的事。举个例子，如果你向慈善机构捐款，那是因为你是一个好人，你相信人们应该向慈善组织捐款。换言之，我们会做什么似乎是由我们的个人信仰决定的。然而，一直以来心理学家都清楚，人们的思维并不是这样运转的，特别是心理学家达里尔·贝姆（Daryl Bem），他提出了一个自我知觉理论，认为因果关系常常被倒置。[24] 我们先有行为，然后通过这个行为来判断我们对事物的态度。照此说法，事实上是我们的行为决定了我们的态度。所以，我本可能是因为别的原因给慈善机构捐的款，比如有可能是别人向我提了那个请求，把我架到了那个位置上，而我又觉得无法说"不"才捐的款，但从结果来看，我把自己的行为归因于我相信自己是个好人，而且也觉得人们应该给慈善机构捐款。起初我并没有对慈善机构或我自己有过什么想法。但一旦我发现自己捐款了，我会想："看看我，我给慈善机构捐了款，我可真是个好人！向慈善机构捐款真是件有意义的事！"

我想提示的是每次我实验中的被试在自己的请求获得别人同意之后回到实验室时是什么样的感受。他们感到释然、非常开心。这并不是因为他们成功地劝说别人干了对方不愿意干的事，而是因为当某件事能够让对方感受到自己的价值、发挥自己的作用，并且让自己的内心感受到满足时，对方其实很愿意成为那个求助对象。

知道别人说出拒绝很难，并不意味着你不应该再向谁求助。帮一些小忙，甚至大忙，常有其积极的一面，能够让对方感觉自己真的很好。当然，这里也有一些忠告送给大家。请求应谨慎，张口当三思，我们不应向对方提出不当请求，也不应为此给对方造成过重的负担。这一点我们会在下一章讨论。但知道了别人比我们预期中更愿意出手帮忙的原因之后，我们也无须打消向别人求助的念头，毕竟这个原因往往会在事后以最体面的方式被重新解释。

既然了解了这些内容，当你确实需要求援时，就大胆地去吧。去找你的朋友帮忙，向你的同事寻求建议，告诉你的另一半今天该谁倒垃圾了。不过，如果你切实需要这些人给你一个肯定的答复，记住我们惯常会做的哪些事情会给对方留下轻易说"不"的机会。拥抱你所拥有的影响力：直接问，当面提。

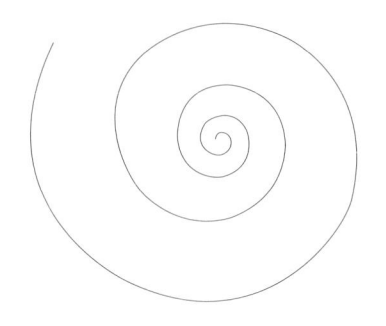

# 第五章
## 不实信息，不当请求，以及"我也是"

多年的研究中，我们目睹了被试向陌生人提出的请求经历了由小及大、由普通到离奇的过程，并且一次次地因这些请求所获得的肯定答复而惊讶。这不禁令我和我的学生们好奇，这个效应的边界到底在哪里。究竟还有什么样的请求被人接受之后可以使我们的被试甚至我们自己感到惊讶呢？

那是 2011 年，美国次贷危机引发经济衰退之后不久，许多关于房贷危机的详情浮出水面，其中一个细节尤其令我震惊。这场危机的一个重大诱因在于信用评级机构的失职。这些市场观察机构本应帮我们避免投资垃圾股票与证券，或者至少能够让我们知晓我们的投资标的处于什么样的风险等级。当年它们给予很高信用评级的产品，就是如今无人不晓的高风险次级房贷，当时这样的评级极具欺骗性。其中一家遭到强烈谴责的评级机构就是穆迪。穆迪（Moody）是当时世界上最老牌、最负盛名的信用评级机构之一，因此我不禁感到奇怪：到底发生了什么？是专业能力出了问题，还是因为这是一场蓄意欺骗？

对于穆迪缘何会把事情搞砸到这步田地，商业记者格蕾琴·摩根森（Gretchen Morgenson）在《纽约时报》的一篇文章中给出了另一种解释，也正是这种解释激起了我的好奇心，让我在此启发下完成了自己最喜欢的研究之一。按照摩根森的说法，穆迪一开始给这些高风险抵押贷款的评级较低，结果比较客观。这就说明他们具备专业水准，并且对这些产品的底层风险有清醒的认识。但是在此之后，穆迪非常突然地修改了这一评级。这又是为什么？

原来，穆迪修改评级只是因为有人请求他们这么做了。在穆迪完成了由美国国家金融服务公司承销的一系列证券产品的评级之后，这家当时的主流房屋抵押贷款公司中有人找到了穆迪，对穆迪给出的评级表示不满。摩根森说："在没有新的数据与重大信息出现的情况下，穆迪还是在第二天修改了评级。"[1]

这其中发生了什么非常令人好奇。无论当时美国国家金融服务公司请求穆迪做了什么，显然都是不符合职业道德的，可穆迪呢，就这样同意了？或许是我天真了，对这样的情况会感到意外。然而事实也是如此。人竟会如此容易受人之托行不义之事，我不禁在想是否也有人与我一样，会对此感到惊讶。我想知道，如果在我的研究中被试提出的并不是无伤大雅的普通请求，而是请别人帮忙做一些明显不道德的事，会是什么情形。被试会不会像当初猜测人们是否会同意帮助他们一样，低估陌生人会在多大程度上答应他们的请求去做一些明显的坏事？

为了验证这一点，我们从一些小事试起。我们请被试去找一些陌生人帮他们圆一些没有恶意的谎言。[2] 被试需要走上前去告诉陌生人他们需要为一个新的课程做一些市场推广，但他们非常不想做这件事。可问题是他们必须拿到人们的签名才能说明确实有人听过了他们的推销。当然这是被试编出来的故事。那么面对这种请求，陌生人是否愿意在表中签上自己的名字，假装自己听过了这次推销呢？也就是说，陌生人是否愿意为了被试配合完成这个签字呢？

当问及被试认为人们是否会帮忙伪造这份文件时，被试预计会有 35% 的人同意这么做。但当他们真的走出去提出这些请求之后，68% 的人同意了，几乎是他们预期中的两倍。[3] 就像被试在我们之前的研究中低估了他们有多容易获得别人的帮助一样，在这个研究中，他们同样低估了让别人帮忙撒个谎有多容易。

顺　从

我之前说过，我们试的是一些小事。人们为什么会同意在文件上签字，原因或许有很多。可能人们觉得这件事儿没什么大不了，"既不害人，也不违法"。他们甚至可能把这件事解读为一件好事——毕竟他们是在帮助一些有需要的人。所以接下来，我们试着想了一些明显有错的事情，让被试去提这样的请求。最后我们决定采用的方案，是让被试请求陌生人破坏图书馆的一本书。

当然我们不想真的破坏图书馆的藏书，所以我们自己做了一本。我们从自己的书架上取下一沓书，给每本书贴上图书编目号码，让它们看起来与大学图书馆中的书无异。我们也知道，必须编一个让人信得过的理由，因为被试不可能直接走到陌生人面前询问对方："嗨，请问你能帮我搞搞破坏吗？"我们决定让被试分头去学校中各个不同的图书馆，找一些陌生人，并告诉对方他们正在搞一个朋友的恶作剧。被试会向对方解释，说这个朋友认识自己的笔迹，所以需要随便找别人在朋友借的书上用笔乱写乱画一通。

我们花了很长时间去想被试应该请别人在书上写些什么。最后我们决定用一个词：捣蛋鬼。"捣蛋鬼"这个词听起来就像恶作剧。最后被试会这样去提问："可否帮我在这本书的这页上快速写上'捣蛋鬼'三个字？"

第五章
不实信息，不当请求，以及"我也是"

当我们告诉被试他们要去请陌生人做什么时,被试确信绝大多数人都会拒绝这个请求。从被试提出请求后收集到的反馈来看,的确有不少人有拒绝之意。有的人表示了犹豫。在被试的记录表中登记过许多这样的反应:"你确定吗?"以及"呃,这……"。还有人表示破坏书的这个想法让他们非常不舒服,并且认为这样的请求并不正确。比如有人是这样说的:"我觉得我不应该……这是图书馆的书对吗?""所以说,你是要让我搞破坏吗?"以及"我劝你离这种破事远一点儿!"[4]

即便如此,我们的被试找到的大多数人都同意了帮忙破坏这本书。被试预期中只有28%的人会同意在书上乱写,实际上这一比例却达到了令人咋舌的64%。[5] 尽管很多人对这个请求表达了诧异与不安,但大多数人还是照做了,这远远超出了被试(还有我!)的预期。

再一次,我们发现即使人们对做某件事心存疑虑,最后也还是会配合完成,因为他们觉得拒绝别人的请求是件更让人为难的事。虽然我们大多数人都不会四处求人帮忙做些类似于破坏图书馆藏书等的明显不道德的事,但很多时候我们还是会提一些越界的请求或过分的问题,想着如果对方不愿意答应,自然可以不予答复或拒绝我们。或许你曾邀请自己的同事与你外出约会,自认为如果对方不感兴趣就会拒绝你;再或者,你可

顺 从

能问过前来应聘的求职者是否结婚了，尽管按规定此类问题是不允许提的，但你依然会提出来，因为觉得他们可以选择不回答。诸如此类的请求一开始看起来无伤大雅，但实际上对于人们反抗性骚扰、反对工作中的各类歧视具有深远的影响。这些都是我们接下来要讲的问题。

## 为什么男性不应"放胆去做吧"

2017年对许多男性来讲是"秋后算账"的一年。由塔拉纳·伯克（Tarana Burke）在11年前发起的"我也是"（MeToo）反性骚扰运动在这一年突然成了一个家喻户晓的口号。[6]针对传媒巨头哈维·韦恩斯坦（Harvey Weinstein）的性骚扰及性侵指控以排山倒海之势被接连曝光，整个舆论哗然。[7]我们还知道晨间新闻节目《今日秀》（*Today Show*）的前主播马特·劳尔（Matt Lauer）工作台下有个令人毛骨悚然的按钮，可以把女性锁进自己的办公室。[8]就连看上去光明磊落的喜剧演员路易斯C.K.（Louis C.K.）也承认曾把自己裸露在踌躇满志的门生面前自慰。[9]

大大小小的指控如疾风骤雨一般袭来，人们忙着认错，忙着自证清白，诸多令人深感不安的，甚至骇人听闻的丑闻在声讨的浪潮中尽人皆知。在这样的声势下，有一些指控与坦白显得有些……怎么说呢，平淡无奇。[10]这些指控边界模糊，涉及的行为似乎不具备很强的侵犯性，更像一种诱导下的行为。其中有些人看上去似乎确实没有意识到自己的行为对控诉者造成过影响。

有一项针对喜剧演员阿兹·安萨里（Aziz Ansari）的指控在当时引起了热议。美国女权网站 Babe 上发布了一篇文章，文章中一个化名"格蕾丝"的人详细描述了她与安萨里的一次约会经历。据她所说，这次约会"到头来成为她有生以来最糟糕的一个夜晚"。[11]格蕾丝称约会一开始，她挺"兴奋"的，但当她在晚餐后随安萨里来到他的住所之后，安萨里不断想迫使她与之发生性关系，尽管她表明自己对此并无兴趣。格蕾丝说："我的身体已经明确暗示他我不想这么做，并且在随后告诉他，'我不想勉强'。"但是，按照格蕾丝的说法，安萨里虽然一开始对她的犹豫表现出了一些风度，说"只有我们都开心，这才是件愉快的事"，但他一整晚都在对她施压，用粗暴的方式亲吻她、用力地推挤她，直至她大哭起来。最后她在 Babe 上说："我觉得自己被侵犯了。"

从安萨里的角度来看，他发布了一份声明，承认自己与格蕾丝确实有一些性互动，但这些行为在他印象中"从任何迹象上来看都完全是你情我愿的事"。他说他在事后的第二天早上收到了格蕾丝发来的一条消息,告诉他自己感觉非常糟糕,但当时在他看来,一切似乎都非常正常,因此"当我听说她并不这么想时,我感到很吃惊,也有些担心"。[12]在给格蕾丝回复的信息中,安萨里向她道了歉,说他"误读了当时的情境"。[13]

格蕾丝对安萨里的指控迅速发酵,不是因为人们认为安萨里有多么罪大恶极,反而是因为这件事似乎不值一提。有人对格蕾丝把此事公之于众感到颇为恼火,认为这次际遇不过是一次不如意的约会,[14]大多女性都曾碰到过。他们认为把格蕾丝这样的事情与韦恩斯坦这样的恶行同等对待会淡化"我也是"反性侵运动的效果。另有人认为这种虽然看起来不痛不痒,但确实有问题的性际遇恰恰是这场运动需要去声讨的,因为这种现象太普遍了。[15]格蕾丝的经历引起如此广泛的共鸣,也给了人们一个机会,得以坦诚地就两性互动中的棘手问题进行讨论。

在安萨里事件爆发前的几个月,一个非常相似的小说在人群中疯传。这个小说叫"猫人",[16]发表在《纽约客》杂志上。它讲述了"一次理论上来讲两相情愿的涉性交往,在玛戈(小说主人公)的眼中却始终是'她人生中所做的最糟糕的决

第五章
不实信息,不当请求,以及"我也是"

定'"。[17] 关于玛戈要与这个她跟随进家的人共同过夜的决定，故事中讲得很清楚，"她并不是害怕对方会逼迫她做什么违背她意愿的事"。但是，"在她把氛围一步步推到位的时候，突然要求对方停下来，会让她显得任性无理、反复无常，就好比她在饭店点好餐，但在食物端上桌的那一刻突然改变主意要把它退回去"。[18]

从人们对格蕾丝这个事件以及这个小说的反响来看，有两件事显而易见：第一，女性常常会同意做一些本不情愿做的事，包括约会，甚至发生性关系；第二，男性常常对这一事实一无所知。

让我们先来解决第一个问题，也就是为什么一名女性即使在不愿意的情况下，也会同意与人约会，甚至有可能发生关系。当然，原因有很多，但其中一个主要原因与人们会超预期地同意借出手机、捐款给慈善机构、破坏图书馆藏书的原因一样：拒绝太难讲出口。

如果说一个人愿意与另一个人发生性关系，原因是拒绝对方会令自己感到别扭、不舒服或心生内疚，这样的理由听起来似乎太过牵强。但正如梅根·加伯（Megan Garber）在《大西洋月刊》一篇题为"把尴尬当作武器"的文章中所述，这种要求女性有成人之美之德、"以他人的感受为先"的社会力量导致女性在浪漫关系中会对拒绝对方产生万劫不复之感。[19]埃拉·道森（Ella Dawson）写过一篇关于"不好的性体验"或者说"本不如我们所愿，但还是发生了的性关系"的博客，像《猫人》一样被疯狂转载。她在这篇博客中写道，有时候"硬着头皮把事办完反而比把自己从中解救出来更容易"。这篇博客重述了许多女性脑中曾出现过的疑问：你真的想尴尬地向对方解释你为什么不愿意继续了吗？如果伤害了对方的感情怎么办？如果这么做会破坏我们的关系怎么办？这么做会不会显得自己很浑蛋？[20]

加伯与道森都敏锐地指出这种基于让步而发生的性关系，也就是研究人员有时所说的性服从，[21]算不上强奸。但是，这两名作者都认为把这样的事件放在"我也是"运动的语境下来讨论是非常有必要的，因为正如加伯指出的，这样的际遇可能"在犯罪层面上来说不算过分"，但是毫无疑问"在情感层面是非常糟糕的"。[22]除此之外，我们在后面也会看到，单单是情感层面的影响就足以产生严重的后果，例如把女性排挤在传统的男性领域之外。

许多科学研究也支持这一观点，即无论男女，人们常常会接受自己并不心仪的追求者的示爱，因为人们觉得说"不"很难。在情感关系研究专家萨曼莎·乔尔（Samantha Joel）与她的同事所做的一项研究中,她们请一些单身被试(均为异性恋者)从一叠人物档案中选择自己最喜欢的一个约会对象。[23]其中一部分被试被告知这些约会对象的档案都是虚构的,另一部分被试被告知这些档案是由参加这个实验的其他被试填写的。在此之后,研究人员给被试出示了一个人的照片,称此人是他们选中的那份档案中的人物,并询问他们是否愿意与此人交换联系方式以便安排后续的约会。不过有一点被试不知道:这张照片其实是研究人员提前准备好的。照片中的人看上去显然对异性不具备吸引力,因此料想人们是不大愿意与他/她约会的。

认为约会档案中的人物信息纯属虚构的那群被试中,只有16%的人表示愿意赴约。研究人员是对的,压倒性多数的被试不愿意与照片中看上去毫无吸引力可言的这个人约会。但是,那群以为档案中都是真人的被试中,有37%的人同意与照片中的追求者互换联系方式,几乎是前一种情况中的两倍。研究人员在分析两者之间的差异时发现,人们认为照片中是个真人时,与以为他/她是个虚拟人物时相比,会更担心伤害到别人的感情。

因此可以看出,人们确实会因为害怕伤害别人的感情而同意某种亲密的请求,即使他们本不想同意。但是,我们往往没有意识到我们对别人感受的顾虑会在多大程度上影响我们在亲

顺 从

密关系中的某些决定,直到有一天我们发现不得不面临必须拒绝对方的尴尬处境。

至此,我们可以回头再来看前文中我们从一个真实的、一个虚构的两性关系的故事中得出的另一个观点——许多男性完全意识不到女性面对他们的示爱时,说出"不"有多难。事实上,这个观点也在研究中得到证实,不过值得一提的是,这个问题不只限于男性。

正如人们似乎很难意识到拒绝别人有多难一样,人们也很难意识到别人拒绝我们有多难。只不过在后一种情况中,我们非但没能让别人避免经历可能由我们造成的尴尬,反而会因为缺乏正确的认知,在无意于此的情况下把别人置于更加为难的处境。举例来说,当我们本着"放胆去做"的思想,邀请同事外出约会时,我们恐怕并不明白这样做会将他人置于何等不舒服的境地。

这是我和我的研究生劳伦·德文森特(Lauren DeVincent)在关于一厢情愿的职场恋情研究中所观察到的现象。我们采访了约1 000名理工科专业的研究生与博士后,让他们回忆自己是否有过一厢情愿地追求某个同事,或是被某个自己不感兴趣的同事追求的经历。[24] 大约有四分之一的人称至少有过一次这样的经历。之后我们询问被别人追求过的这些受访者在拒绝对方的时候感觉有多难,以及这么做会让他们感觉多不舒服。与此同时,我们也询问追求过同事但后来被拒绝的这些受访者认为他们的追求对象对此是什么感受,也就是说在他们的想象中,对方拒绝他们会不会很难、这么做会不会感到不舒服。

我们发现,追求者意识不到他们的浪漫攻势会让他们的追求对象多么为难。他们认为自己的追求对象可以坦然地说"不",也不必有多么纠结,但追求对象实际的感受并不是这样。

不仅如此,一厢情愿追求过别人的人也没有意识到,当年拒绝过他们的人后来再想把注意力集中在工作上或与他们共事时有多难。虽然很多人都说自己在被不喜欢的人追求时都曾以各种方式躲避过对方或寻求过帮助,但这些行为却从没有引起过追求者的注意。举例来说,在追求过不喜欢自己的人的被试中,只有 7% 认为对方会在事后躲着自己,但被自己不喜欢的人追求过的被试中,超过一半(52%)的人说他们事后曾试图躲避这些追求者。类似地,只有 13% 的追求者认为他们的追求对象会通过与别人聊一聊自己的处境来寻求一些社会帮助,而 54% 的被追求者说他们曾经这么做过。与此同时,没有一名追求者认为他们的追求对象会考虑换工作,但实际上在我们的 176 名被不喜欢的人追求过的被试中,有 6 人确实因为当时

顺 从

处境尴尬，曾考虑过换一份工作。

我之前提到过，这种倾向不只发生在男性身上。在我们的研究中，女性追求者也确实低估了她们单方面的示爱会给她们的倾慕对象带来怎样的不适。但是对于这一结果，有一个重要的前提条件需要声明，那就是我们需要考虑追求者本人是否曾被置于另一方的处境中，也就是说，是否也曾有她们不感兴趣的人对她们表示过爱慕。如果有，这样的人在回忆她们作为追求者的情况时，会对当时自己的追求对象有什么样的心理活动有更为敏锐的洞察力。这对于我们解读这一现象在性别间是否有差异至关重要，原因在于一厢情愿的两性关系中，女性比男性更容易成为那个被追求者，这一点此前已多有记载。[25, 26]七分之一的男性称自己曾经被不喜欢的同事追求过，而同样的尴尬经历曾发生在三分之一的女性身上。因此，女性对于异性一厢情愿的追求所带来的不适感具有更敏锐的知觉，但这并不是因为性别导致的差异，而是因为她们对此类处境经历得更多。

《实验室女孩》（*Lab Girl*）的作者霍普·洁伦（Hope Jahren）在《纽约时报》上讲述了日常生活中的一点一滴是如何把女性最终推出了理工科领域的。[27]洁伦描述了"可预见的"一系列事件的发生过程，这一系列的事件始于一封深夜发出的邮件，男性科研工作者借此向无意于他的女性科研工作者表白。由于这份爱慕在他的脑中不断升温,他整个人完全陷入自己的情绪中无法自拔:他"夜不能寐";他"可能会为此被炒鱿鱼"。而与此同时,这名女科研工作者会深感不安,她试图不理会对方写给她的留言,委婉地拒绝对方在工作时间之外见面的请求。直至有一天,她觉得离开科研这一行才是逃离这一切最容易的办法。

这个世界惯常会告诉动了心的男人要"放胆去追"。当一个男人因为一个姑娘落得形容消瘦、衣带渐宽时,他还能怎么办呢?"去约她啊!"任何一个有好兄弟情节的电影中心急火燎的好兄弟都会这样鼓动他,"你能有什么损失?"正如我在别处提到过的,[28]这种建议的问题在于它默认的前提条件是整个事件中只有动心的那个人才有可能失去些什么。对他来讲,或许向她表明心迹,哪怕最后知道落花有意流水无情,也好过终日愁肠百结、暗自神伤。但是对于她呢?这样也更好吗?

那么是不是说如果对对方的心意不是100%确定,男人就不应该向这个女人提出约会的请求呢?并不是。不确定性正是约会的乐趣之一,是小鹿乱撞、怦然心动的缘起。但我的确认为男性在有多大把握时才可以心安理得地去约一个女人,这个标准有待提高。在约会交友软件Tinder上给某人发一条"我可以约你出来吗?"的信息,与把这条信息通过推特发送给一个主要关注学术问题并且你完全不认识的人是两码事，而后者却是我的很多女同事经历过的事情。无论男女，我们都应该在向对方表白或是试图有任何亲密之举之前，在把握对方的心意上投入更多的时间与精力，至少要明确对方对你并非全无兴趣。

在此我想说的是，很高兴看到通过"我也是"运动，许多男士似乎已经在这么做了。他们开始谨慎地考虑自己的大胆示爱可能让对方承受了些什么。理查德·德莱福斯（Richard Dreyfuss）在针对自己的一项性骚扰指控做出回应时说道："在我知道这件事并非两情相悦时，我非常吃惊，也很困惑。我无法理解。这让我重新审视了过往每一段我曾认为是两相情愿、欢畅愉悦的交往关系。"[29] 在格蕾丝事件发生一年后，阿兹·安萨里在网飞的一档特别节目中谈到，他与朋友聊起这段往事之后，他的朋友称这件事"让他再次审视了之前发生过的每次约会"。[30]

我们都知道被人拒绝的滋味不好受。但我们通常意识不到拒绝别人也会有心理煎熬。就像我们之前看到的种种请求，无论是借用一部手机，还是破坏一本图书馆藏书，说出拒绝要比我们想象中艰难。这就意味着当我们邀请某个人出来约会，或是暗示对方希望共度良宵时，如果对方本无意于此，我们可能会低估对方向我们说一句"不"有多为难、多不舒服。

在一个告诉男人要"放胆去追",但告诉女人"不要大惊小怪"的世界里,这种现象会给人际关系造成严重的破坏。不仅如此,它还会对我们在更大范围内,特别是在一直以来由男性占主导地位的领域中实现性别平等的社会目标造成影响。

## 您手上戴的是枚婚戒吗?

我已记不清有多少次与年轻女同事谈起过面试时是否要戴婚戒这个话题了。很多人或是得到过别人的忠告,或是在某些面试专栏上读到过建议,称"不应佩戴戒指或其他可能透露个人情况的物品"。[31] 从我的经验来看,我的同事大多数最后都决定不戴戒指。她们不愿意被问及有关自己另一半的问题,因为雇主有可能从中臆断她们对工作职位不够重视或是没有随工作搬迁的意愿。显然,要不要透露自己的个人状况,比如你是否已婚已育,是种族主义者或特殊性取向之人,是非常个人的决定。

但与此同时,这些往往又是具有深远影响的问题。研究表明,在面试中透露类似的信息会影响雇佣方判断求职者对工作的重视程度、长时间工作的意愿,并最终影响雇主是否愿意录用这个人。在关于学术招聘的一项研究中,西北大学凯洛格商学院的教授兼社会学家、《出身》(Pedigree)[32]一书的作者劳伦·里韦拉(Lauren Rivera)在现场观察各种面试后得出结论,称学术招聘委员会"在甄选应聘者的时候,更容易把女性的婚恋状况作为考虑因素之一,对男性则不会",这种考虑方式往往会将女性置于不利地位。[33]在心理学家亚历山大·乔丹(Alexander Jordan)与埃米莉·齐特克(Emily Zitek)的另一份研究中,被试会看到一些从脸书页面中找到的虚构的应聘者信息,这些应聘者有的单身、有的已婚。被试认为与单身女性应聘者相比,已婚的女性应聘者工作不会特别卖力,而且比较不适合要求苛刻的工作岗位。[34]

我想我们应该都认同一个人的婚姻状况不应成为一个人能否被雇佣单位聘用的决定性条件。然而,无论明里暗里,婚姻状况确实会影响人们的招聘决策。这也是为什么应聘人员如果不愿意透露自己的婚姻状况或其他个人信息,这个权利是受法律保护的。关于婚姻状况、怀孕状况、宗教信仰、心理健康等方面的问题不应在面试中被提出来,并不是因为问这些问题本身不合法,而是因为这些问题的答案可能会对应聘人员的求职结果形成不利影响。[35]举例来说,应聘人员最好不要透露自己已怀孕这个信息,这样一来这个事实便不会成为雇主决定是否录用该应聘人员的影响因素。

如果一件事不知道最好，那也就意味着最好不要问这件事。但这一点却是许多人，包括我自己会疏忽的地方。我们总会忘记要人们去拒绝一个请求，或是对一个问题避而不答有多难，特别是当这个问题来自人们的潜在雇主时。

在一项针对住院医师申请人的研究中，研究人员发现，66%的申请人，也就是在11 000名调研对象中，有7 000多人称自己曾在面试中被问过一些可能不合法的问题；[36] 53%的申请人，也就是5 700多人称有人在面试中询问过他们的婚姻状况；24%的申请人，即超过2 500人称有人问过他们是否有小孩，或是否有要小孩的计划。不必惊讶，这些问题更多的是针对女性提出的，而非针对男性。申请人还提到自己被问到过关于年龄、宗教、性取向等方面的问题，这些问题都是受保护信息，也就是说从合法的角度来讲，招聘方不得通过上述信息做出任何雇佣决策。然而正如我们在前文所见，一旦招聘方掌握了这些信息，很难不让它干扰他们对一名应聘人员的判断，无论这样的影响是好是坏。

市面上许多面试忠告类的文章都会告诉应聘者，如果你是一名求职者，在面试过程中被问到此类问题时，应该"礼貌地拒绝回答"。[37] 这条建议很好——理论上来讲是这样。但此刻如果你听说研究显示拒绝回答此类问题远比你想象中困难，你大概不会感到惊讶。我们在上一章中已经了解到，女性在面试过程中被问及明显有性骚扰意味的不当问题时，会觉得无法坦然拒绝回答，并且害怕拒绝回答这样的问题。同样，"礼貌地拒绝回答"你是否结婚了、是否有要小孩的计划等这样敏感的个人问题，难度并不会小多少，只是原因不同而已。

不过在讨论负面影响之前，我想先谈一谈人们比预期中更愿意对个人敏感问题做出回答这件事的积极意义。其实你会发现，你的同事、邻居，以及你生活中认识的其他人比你想象中更愿意回答那些你暗戳戳好奇过的个人生活与信仰问题。而且如果你向对方提出这些问题，他们也不会像你想象中那样对你过分苛责，甚至还可能会拉近你们的距离。

埃纳芙·哈特（Einav Hart）曾带领一组研究人员做了一系列研究，让一些被试向此前素不相识的其他被试问一些问题，可以选择非敏感性问题，比如"你对流行音乐有什么看法？""你工作时间有多长？"等，也可以选择一些敏感性问题，例如"你对堕胎有什么看法？"以及"你的薪资是多少？"等。被试强烈表示更愿意问一些非敏感性问题，因为他们认为别人会极不情愿回答敏感性问题，而且会为此对他们产生很大意见。然而实际上，人们并不像被试想象中那么不情愿回答敏感

第五章
不实信息，不当请求，以及"我也是"

性问题,也不像他们想象中一样会因为触及敏感性问题而指责他们。[38]

这是件好事,因为我们大多数人都希望能更多地了解我们的同事与其他熟人的个人生活。长久以来,针对自我表露与人际关系间亲密程度的研究表明,向别人提一些个人问题会促使对方反过来也向你提一些个人问题,双方你来我往便形成了相互袒露心声的一个循环,把人与人拉得更近,帮双方建立起更深入、更令人满意的人际关系。[39]

这项研究似乎说明我们无须过分克制自己向别人询问一些个人问题的意愿,反而应该大胆去做。事实上,如果我们的目的是要与周围的人建立更亲密的关系,那么这个说法应该能够站得住脚。但是,如果我们的目的是要对某个事件的结果进行客观裁断的话,我们应该对这个研究进行更深入的思考。正如本书中诸多的研究结果所示,我们的影响力虽然常被自己低估,但它能够帮我们从别人那里获得我们想要的回应。在某些情况下,我们应该更懂得如何充分发挥它的作用,但在另一些情况下,我们在动用它时当保持谨慎。

让我们回到求职面试的场景。很多人,特别是没有经过专业的人力资源培训就被安排来组织面试的人,在与求职者闲聊时,会失口问及对方的小孩以及对方的家人做什么工作。而求

顺 从

职者往往都会真诚地回答这些问题。一部分原因，如我们刚才所说，是人们通常是很愿意与别人聊起自己的个人生活的。讲述一些自己的事，既是拉近双方关系的一种方式，也是面试中很难绕开的一部分。但研究显示，应聘人员有时在不情愿回答个人问题的情况下最终也选择了回答，原因我们之前也讨论过。我们不愿意冒犯别人，特别是当这个人掌握着类似于你能否得到某份工作等这样的生杀大权时，更别提拒绝回答这些问题无异于暗示面试官竟然会如此没有自知，起头问出这样的问题。这显然不是大多数应聘人员希望与面试官建立的一种关系。

因此大多数人会在面试中回答一些个人问题，即使这意味着有些他们本不愿让外人知道的个人生活会被透露。在组织行为学研究专家凯瑟琳·谢伊（Catherine Shea）、苏尼塔·沙赫（Sunita Sah）和阿什莉·马丁（Ashley Martin）的研究中，她们发现83%的应聘人员觉得有义务回答这些个人问题。[40]尽管这项研究中面试官倾向于认为这些问题有利于他们进一步了解应聘人员，但应聘人员更容易觉得这些问题有造成歧视的可能。谢伊与同事们发现，这种情况最终会对应聘人员与雇佣方都造成负面影响。按照此前的研究结果，在面试中被问及婚姻与家庭状况的应聘人员被录用的概率会减少，这一点也不奇怪。那么对于被录用的求职者来说？结果是他们反而不太愿意接受公司的录用。无独有偶，在前文所述的住院医师申请项目中，在面试中被问及此类个人问题的申请人中，有相当大比例的人表示会把这个令人不悦的招聘项目在心目中的位置往后排。由此看来，不仅是应聘人员有损失，招聘方也一样深受其害。

正如多莉·丘格（Dolly Chugh）在她的《你想成为什么样的人》(*The Person You Mean to Be*)一书中所说，我们大多数人都想做好人。[41] 我们不愿意歧视求职者，也会努力去遵守那些意在保护人们免受招聘歧视的规定。但与此同时，我们还希望与人沟通，也知道有些闲聊可能会制造尴尬，于是我们会找个折中的办法，与对方聊一些个人问题，同时为了让求职者安心，还会告诉对方这些问题不是必须回答的。比如我们会说："您有小孩了吗？我其实不该问的，所以如果您不想回答也没关系。"但是，作为求职者来讲，他们当然不觉得自己可以拒绝回答这样的问题。因此，就算不情愿，他们还是会回答。当我们意识不到问题一旦提出对方就会有回答的压力时，应聘者与雇佣方都会为此承受相应的后果，同时从更广义的范围来讲，还会影响职场中人群结构的多样性与代表性。

有时候，我们在面试或会议中闲聊时会问起别人的家庭生活，即使如之前所述，这些问题有时本不应提出。还有些时

顺　从

候,为了填补对话之间的空隙或是打破令人尴尬的沉默,我们会"信口开河",基本上想到什么就说什么,不管是否真实,只是因为我们觉得必须要说点什么才对。这种现象有可能把任何形式的闲谈都搞得更加复杂,因此这是另一个需要我们谨慎对待的问题,我们在下一节中继续探讨。

## 胡扯

"胡扯"这个词,按照普林斯顿大学哲学家哈里·法兰克福(Harry Frankfurt)的定义来说,指的是不考虑事实的一种表达方式。它与撒谎不同。撒谎的人主观意愿上会试图去颠倒黑白、背离事实。而胡扯的人并不清楚自己说的话是真是假,而且也不在乎,他们只是为了说而说。

在这一点上,我们都不是无辜的。法兰克福称"我们的文化中最突出的特点之一就是胡话连篇。大家对此都心知肚明,而且我们每个人都是参与者,但我们往往对此习以为常"。[42] 早在1986年,法兰克福就对此现象做过观察。

我们东拉西扯,有时是为了抖机灵,有时是为了打破沉默,有时是因为我们觉得对任何事情都必须有自己的看法。为了验证最后这一点,社会心理学家约翰·彼得罗切利(John

Petrocelli）做过一些实验，观察当人们被明确告知无须对某个话题有任何看法时，人们会作何反应。在其中一项实验中，[43]研究人员给被试讲述了一个叫吉姆的虚构人物的故事，称吉姆一直在参加市议会中一个席位的竞选，而且在民调中有很大的领先优势。但是在竞选前一个月，他退出了竞选。研究人员问被试他们认为吉姆为何会退出竞选。

被试对吉姆的了解微乎其微，有些对他甚至一无所知。其中一部分被试拿到了吉姆的所谓性格测试结果，另一部分被试除了前文中你所读到的信息，没有获得任何额外信息。在这种信息极其有限的条件下，要想对吉姆为何会退出竞选给出一个解释，几乎需要全凭臆测。被试不可能了解真相，所以他们得出的任何结论基本都与胡扯无异。

不过彼得罗切利设定了两种情况，一种情况下，他给了被试一条额外提示："强调一点，对于你们是否愿意分享自己的看法，我们完全不做强求。"这相当于给了被试一个保持沉默的理由。另一种情况下，没有人给过被试这样的额外提示。至此，两种情况下的被试都有机会对吉姆退出竞选的原因给出自己的见解。

请注意，研究人员没有要求任何一名被试给出自己的看法，可是被试觉得自己有表达观点的义务。针对被试对吉姆离场的原因所做的解释，研究人员询问过对方这样的解释有几分事实依据。结果显示，未得到过研究人员额外提示的被试中，无凭无据给出解释的人数大大高于那些被告知无须强行作答的被试。具体来讲，未得到过这条提示的人中有44%的人称自己给出的解释都是一派胡言，几乎占到了这群被试的一半，而得到过这条提示的被试中这一比例仅为24%。

这一结果非常重要，因为它说明无论我们觉得自己想说的话有几分真实性，我们的本能就是要说些什么，说什么都好。相比于承认我们对某事缺乏了解，没什么看法，因此才选择不予置评，我们总是倾向于不假思索地说些什么、胡乱猜测一番。而我们在第二章中曾提到，我们不假思索脱口而出的某些话可能会被听到的人当真。人们不会像我们想象中那样对我们所说的话做过多鉴别。他们更倾向于相信而非质疑这些话，因为去"证伪"费时又费力。如此一来，胡话、鬼话、虚假信息便四散传开了。

这种情况在社交媒体上更为严重。在网上，就像在"真实"生活中一样，我们既是胡话的消费者，也是胡话的传播者。心理学家戈登·彭尼库克（Gordon Pennycook）与他的同事们发现，无论作为哪种角色，我们都会犯一些错误，最终造成不实信息的扩散。作为信息的消费者，我们对自己甄别耳食之论

第五章
不实信息，不当请求，以及"我也是"

的能力过分自信。⁴⁴我们知道，只要信息并非来自我们不认可的渠道，或是明显与我们惯有的认知相左，我们的本能是去相信我们所看到、听到的事物。因此我们可能不会相信网上的所有信息，但总体而言，相比去质疑信息的真实性，我们更容易被某些无稽之谈所蒙蔽。⁴⁵

这就是我们会以胡话、鬼话以及不实信息传播者的身份犯下第二大错误的地方。即使我们往往不善于对网上的信息鉴别真伪，我们对这两种信息的处理模式似乎却大不相同。事实证明，我们对虚假信息进行分享、转发、点赞的可能性大大高于真实信息，这就给了虚假信息不竭的生命力。因此在社交媒体上，虚假信息的传播速度与广度均远高于真实信息。在一项针对2006至2017年间谣言在推特上的传播的研究中，麻省理工学院的科研人员苏鲁什·沃梭基（Soroush Vosoughi）、德布·罗伊（Deb Roy）与希南·阿莱尔（Sinan Aral）发现某些类型的虚假信息通常会在1 000至10万人之间传播，但真实信息的传播范围甚至很少能达到1 000人。当科研人员追踪这两种信息分别以多快的速度传播至1 500人时，他们发现虚假信息的传播速度达到了真实信息传播速度的6倍。⁴⁶

虚假信息到底有什么特别之处，能让它如野火燎原一般疯狂传播，特别是在人们根本无法分辨真假的情况下依然如此？当上述研究人员深入研究虚假信息的哪些属性可能促成其广泛传播时,他们发现与真实信息相比,虚假信息更加新颖、更容易调动人们的情绪,因此会激起人们更多的惊讶、恐惧以及憎恶之感。换句话说,那些容易导致具有质疑精神的读者怀疑某条信息真实性的特点,比如令人感到意外或震惊的因素,恰恰是令人们忍不住想要转发分享的原因。

由于虚假信息与真实信息之间的差别非常明显,因此理论上来讲人们有能力通过各种线索判断一条信息的真伪。事实也是如此。研究表明当人们能够慢下来花一点时间仔细分析这样的信息时,他们可以看得出虚假信息的本来面目。[47]但是鉴于人们在社交媒体上可以在短短几分钟内接触到巨量的信息,任谁都不可能做到将每一条信息都进行仔细甄别。

相反,我们常常会把自己觉得特别出人意料的、骇人听闻的,以及能够激发我们情绪响应的信息进行转发、分享,给它点赞。但我们并不知道,最让我们抑制不住分享冲动的那些信息往往极有可能是假的。这就导致在虚假信息的传播上,从某种程度上来说,我们每个人都难辞其咎。但是,你可能会想,我能为此承担多大责任呢?说到底能有谁真的在关注我在社交媒体上的动态呢?事实证明,关注你的人比你想象得多。

第一章中讲到,我们会倾向于低估我们在地铁上或是外出

第五章
不实信息,不当请求,以及"我也是"

就餐时关注我们的人数，总觉得自己是穿着隐形斗篷走在人群中的那个人。但其实，我们没有意识到，在我们的社交媒体上，存在着许多"隐形观众"。在一项研究中，斯坦福大学的科研人员与脸书的研究人员进行合作，试图了解脸书用户认为在社交媒体上关注自己的人与实际相比相差多少。在计算机科学教授迈克尔·伯恩斯坦（Michael Bernstein）的带领下，研究人员对589名脸书的活跃用户进行了调研，询问他们认为有多少人看到了他们最近在脸书上发布的信息。之后他们量化统计了22.2万名脸书用户中应该会看到某条帖子的人数。结果表明脸书活跃用户大大低估了实际会看到他们发帖的人数，他们的猜测只达到了实际人数的27%。[48] 用户做出这样的猜测，主要依据的是关注他们的好友人数以及他们的帖子收获的点赞或留言数量，例如他们的推断理论是这样的："我猜看到我发帖的人中，大概有半数会点赞或留言"，或是"我猜看得到我的人数应该与出现在我的消息推送中的人数一样"，但实际上这些迹象并无法说明实际看到他们的帖子的人数。最终，被试以为自己最近更新的帖子触达了约20名好友，而实际上看到了帖子但没有进行互动的"隐形观众"数量有可能为78人，几乎多出了3倍。

这些数据表明当我们在社交媒体上发帖、分享或转发信息时，实际看到这些动态的人数远比我们想象中多。所以如果这些动态中涉及虚假信息，被误导的人数可能远超我们的想象。

大多数人本意上都不想去散布虚假信息。但是我们有可能无意中这么做了，因为无论我们是否了解真实情况，我们总觉得必须要说些什么才好，怎么说都行，而且相比确凿无疑、听起来波澜不惊的事物，我们更愿意去分享那些耸人听闻、令人义愤填膺的事。

在此我想重申前文中的一些结论：如果你对某件事有强烈的看法，你应该把它讲出来，不必担心措辞是否完美。人们不大可能因此对你有什么看法，也比你想象中更愿意相信你说的话，这一点依然没有变。然而，这样的人际互动关系虽然令人宽慰，让人充满力量，但是如果我们不加小心，虚假信息却会因此泛滥成灾。因此，我想补充说明一点，那就是如果你无话可说，保持沉默并没有什么不妥。你不必事事都有观点，须知胡扯可能造成的影响恐怕也非我们所愿。

## 低估我们的影响力所带来的负面影响

这本书讲述的是关于我们自身的影响力被低估的事，这样的低估既有好的一面，也有不好的一面。显然本章中我们讲述的各种例子展示的都是后者。前文中,我们了解到我们没有意识到别人拒绝我们的求助有多难,在本章中我们进一步了解到让别人拒绝我们时不时提出的其他请求也一样非常困难,这些请求可能听上去不通人情、不合时宜,甚至还有些不道德。前文中我们了解到,对于我们慷慨激昂的观点表述,我们往往会低估愿意倾听与相信我们的人数,而在本章中我们看到,对于我们信口开河胡说八道的内容,我们也大大低估了愿意听信这些无稽之谈的人数。

毫无疑问,世间存在像哈维·韦恩斯坦一样罪大恶极的人,但我们大多数人却并不了解自己能够对他人造成的影响。正因为此,我们可能会把他人置于不舒服的境地,自己却对此毫无知觉。我们可能会抛出一些不道德的问题让对方去做决断(甚至有时只是在开玩笑),催促朋友扔下工作陪自己出去饮酒,或是告诉自己"放胆去做",向从未给自己释放过动心信号的同事提出约会请求。我们这么做,皆是因为我们认为如果我们说的话令对方感到不舒服,对方有完全的自由不理会、不认同,或是直接向我们说"不"。但这一点我们现在也知道,并不是这样。

这些现象都说明,低估自己对他人的影响力会产生一些负面效应。如果我们认为没有人在听,我们有可能会把一些馊主意、不当请求，或是胡话丢出去，（不正确地）以为人们会拒绝我们的馊主意，忽视我们的不当请求，并戳穿我们的一派胡言。当我们等待对方告诉我们他们不认同我们的话，或因我们的话感到不悦时，我们就把负担转移给了对方，把自己对自己所说的话、所制造的局面应承担的责任推卸掉了。从广义上来讲，我们可以从中窥探到现代社会中许多痼疾的端倪。要想对抗虚假信息的传播、性骚扰、种族歧视、组织行为不端等种种问题，我们每个人必须认识到自己在助推与姑息这些问题的过程中所扮演的角色，并对我们自己的影响力负起应有的责任。

第五章
不实信息，不当请求，以及"我也是"

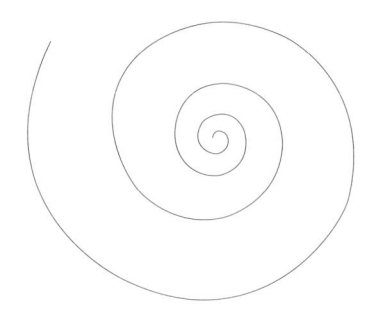

# 第六章
## 真实的威势与感知中的影响力

我在布朗大学就读本科期间，曾作为实习研究员在一个睡眠实验室参加过一个有些奇怪的暑期工作项目。这个实验室的项目带头人玛丽·卡斯卡顿（Mary Carskadon）当时研究的是生物的昼夜节律，也就是人的生物钟。其中她特别关注的是人的生物钟是如何随着年龄的增长发生变化的。

我想你可能也会发现卡斯卡顿研究这个课题时采用的方法有些奇怪，甚至需要吃一些苦头。但是这项研究具有很大的价值。举例来说，卡斯卡顿的研究表明，让青少年在合理的时间上床睡觉并在早上早起及时赶到学校非常困难，原因在于人的生物钟在青春期发生了偏移，导致青少年感到困顿的时间向后推迟。但这种生物钟的偏移方向却与青少年生活中的实际安排相背，比如说学校一天的生活从早上 7：30 就开始了。卡斯卡顿的研究结果已经得到了一些学校的重视，为此它们调整了早上的时间安排，这有可能是大大有利于年轻人身体健康与提高学习效率的一项措施。[1]

研究人的昼夜节律时有一个问题，那就是人的生物钟会受到很多外部因素的干扰，比如阳光与餐食时间，这些都对人有提示作用。就算只是简单地看了一眼钟表，发现已经是凌晨1点钟时，人也会突然感到困倦。这就意味着如果你真的想要研究人体的生物钟，就必须去除所有外部因素的干扰。这就是我当时的暑期工作开始变得诡异的原因。

我帮助开展的研究工作全部是在卡斯卡顿睡眠实验室的地下室中进行的。在那里，你找不到任何有可能提示人们真实时间、甚至当天是星期几的外部因素。我们这些实习研究员是不允许戴手表的。或者如果我们戴了表，必须把表面向内佩戴，以免被试会一不小心瞥见时间。那里也没有光照。准确来说，那里几乎没有任何形式的照明。实验室的照明强度被调到了20勒克斯（照明强度的度量单位）以下，以至于当你走进这里时，你需要停下来缓几分钟让眼睛适应黑暗，直至能看到一点东西。[2] 研究人员会每两个小时给被试提供一次同样类型的简餐，这样他们就无法通过自己是否在吃早餐这样的事实来判断自己在一天中所处的时间。

第六章
真实的威势与感知中的影响力

至此你可能会感到奇怪：且不论需要待多久了，是什么样的被试会同意在这样的条件下生活？因为卡斯卡顿希望了解的是生物钟在青春期的变化，因此这里的被试都是孩子。准确来说，他们都在10到15岁之间。这样一来，卡斯卡顿就可以把未到青春期的孩子与青春期孩子的生物钟做对比。

严格来讲，这些孩子参加的是一个"夏季睡眠营"，在一个实验室的地下室度过为期两周的畅睡生活。你恐怕会觉得这是你听过的最糟糕的营地活动了，不过孩子们在这里会正常进行各种营地生活。他们会作画、做手工、看电影、玩游戏，还会读书。只不过他们是在黑暗中做这一切的。除此之外，他们每两个小时需要完成一轮头戴电极进行测试、完成体温监测、完成反应时间测试、向试管中吐口水的流程。

为了对实验中这些年轻的被试做好督导工作，我对他们可能出现的混乱与抗拒做了充分的心理准备，毕竟这些青春期前后的孩子要被困在这样不正常的条件下，在黑暗的地下室中待整整两周。我在想我和其他实习研究员（全部是大学本科生）应该如何保证实验室的秩序处在掌控之中。这些孩子在一天中需要一遍遍地完成这些烦人的实验工序，以便我们能够收集到相关数据，比如褪黑素的分泌情况以及困倦的程度。但我们怎样才能让他们配合呢？我想象过苦口婆心地劝导，或是与他们理

顺　从

论为什么要完成这些测试、以这样的方式吃东西,以及在设定的时间内小憩的场景。

然而在对我们进行研究培训时,卡斯卡顿与负责照顾这些孩子心理健康的儿童心理学家完全改变了我的想法。在培训中她们告诉我们的是:这些孩子会照我们所说的做。他们不确定我们需要从他们身上得到什么,因此会担心如果哪步出错了他们会惹出麻烦,而且他们完全仰仗我们来指导他们需要做什么。如果哪里让他们感到不舒服,比如说给他们在头上佩戴电极的时候拽到了他们的头发,或者说他们对实验程序或检测过程感到害怕时,他们大概什么都不会说,也不会抱怨,而是会忍过去。

换句话说,卡斯卡顿与她的团队并不担心我们能否控制住这些孩子,而是想让我们意识到这种掌控力已经在我们手中了。我们必须要对这种情况下我们所具备的威势与影响力负责任,确保我们不会滥用它。在请求孩子们配合我们完成这些烦人的实验工序时,我们应尽力让他们感到自在与舒服,因为这些请求孩子们是一定会答应的。

当听到这种观点时,我瞬间觉得非常在理。这些孩子当然会感到紧张与惶恐,因此在这种情况下几乎会按我们的要求做任何事。但为什么在此之前我没有意识到这一点呢?为什么一开始我的关注点都在于该怎样获取与保持自己的影响力,而不是在这种场合下当我已经是那个具备巨大威势的人时，这样的影响力对孩子们意味着什么。在本章中，我们会讨论这个问题，即当一个人处在优势地位时，他对于自己给别人造成的影响会有什么样的感知。

权力往往被定义为影响他人的能力。照此来说，你可能会认为有权力的人能够清醒地认识到自己对于他人的影响力，比如那些处于领导地位的人，或是能够左右别人在某些事上的结局的人。然而事实上，权力有时候更容易让人低估自己的言行会对他人造成什么样的影响。换句话说，对别人最具影响力的那个人可能恰恰会对自己的影响力毫无知觉。我们在下文中会看到，当一个处于领导地位的人，比如教练、导师或首席执行官，越界向服从于他们的人提出不当要求时，这样的认知偏差会带来严重的问题。

## 脱衣篮球游戏

乔希·桑科斯（Josh Sankes）出生时有10磅（约9斤）重，23英寸（约58厘米）长。由于体型较大，出生时一度缺氧，他出现了轻微的脑瘫症状。[3]尽管在儿童时期经历过手术，佩戴了腿部支架，手部一直伴有震颤，桑科斯最终依然长成了一名身高2.16米，体重231斤的小伙子，并成为纽约州布法罗郊区一所高中的明星篮球运动员。高中时期，他接到了杜克大学著名的篮球教练迈克·沙舍夫斯基（Mike Krzyzewski）的招募信。其后的一年中，他分别收到了维克森林大学、宾州州立大学、罗格斯大学以及其他一级联盟篮球队抛来的橄榄枝。[4] 桑科斯选择了罗格斯大学。约翰·范斯坦（John Feinstein）在《最后的业余选手：在一级联盟大学篮球赛中为了光辉与荣誉而战》一书中曾提到桑科斯，他说："桑科斯很喜欢鲍勃·温策尔教练，也喜欢在大东区打球。"在那段时间，这似乎是一个非常不错的选择。

然而，桑科斯在罗格斯大学大一新生的赛季刚过两天，温策尔教练就被解雇了，接替他的是教练凯文·班农。一开始，桑科斯对新教练的到来感到非常兴奋。他知道班农教练对他青眼有加，也认为他们会配合得很好。但很快事态便急转直下。

温策尔被解雇的原因是球队的战绩不佳，因此班农决心要把这个局面扭转过来。他采取了高强度的日常体能训练与负重练习，而且要求队员开始服用肌肉素。这是一种能够加强肌肉力量的营养素。他把队员们逼得很紧，队员们也都一一照做了，尽管他们有时已经到了崩溃的边缘。[5]

有一天，队员们从寒假返回队伍中后，班农决定打破常规，尝试一种新的手段来进行自由投篮训练。他决定举行一个"脱衣投篮"比赛，队员每投失一球就要脱去一件衣服。桑科斯在这样的投篮训练中备受煎熬，因为他一旦紧张起来，手部震颤的情况就会加重。用范斯坦的话来说，"比赛结束时，桑科斯与另一名队员厄尔·乔纳斯已经一丝不挂，在两名球队管理员的陪同下进行呼吸训练冲刺，整个队伍中的其他成员与教练都在看着他们"。[6]

桑科斯"感觉人格受辱，颜面扫地"，[7]称这件事是"我一生中最糟糕的时刻"。[8]据《纽约时报》报道，"他在罗格斯事件曝光之后得了溃疡，并且开始害怕面对在所难免的嘲弄"。[9]这件事的发生，导致桑科斯与队友厄尔·乔纳斯一道离开了罗格斯球队。两人都加入了其他一级联盟球队，并且分别成为各自的新球队在NCAA（全国大学体育协会）联赛中的领军人物。[10]离开罗格斯球队后，这两名队员与当时的助理教练一起以性骚扰为名起诉了班农。[11]

这场官司被广泛报道，双方对这一事件的陈述充分说明了权力在其中所起的作用，特别是处在优势地位的人对自己能够给别人造成什么影响有多么无知。

班农在对脱衣训练的环节进行抗辩时，称这个手段"是为了给训练增加一点轻松的氛围、增加一点乐趣"，而且还表示

"绝对没有人被逼着脱掉衣服或是去奔跑"。[12] 然而班农坚称这个游戏完全是自愿的,反而显示出他对于自己在队员身上能够施加多么巨大的影响力毫无知觉。在此,班农是一名一级联盟球队的篮球教练,在罗格斯球队的正常训练过程中给一直梦想着能在一级联赛中打球的队员们做出指导。这些队员也已经充分展示出为了遵从教练的指示,他们能够做到什么程度——早些时候,桑科斯曾在班农要求完成的极端训练结束之后入院治疗了4天。[13]

当桑科斯听说班农把"脱衣扑克"式的训练视为"可选择的"方式时,他是这样回应的:"可选择的?他怎么有胆说这不是强制的?如果有的选,谁愿意这么做呢?如果你的教练告诉你要做什么,这从来就不会是有选择余地的事。"[14]

显然,在这件事上,看起来队员们并不觉得自己有别的选择。那么班农为何没能在这次惨痛的教训中意识到这一点呢?

## 选择权在你

权势地位对于一个人的影响体现在很多方面。其中有两方面的因素会导致占据优势地位的人对自己的影响力浑然不觉,因此尤其值得注意。首先,当人处于优势地位时,不会花太多精力考虑他人的感受。这听起来不是好事,但多数情况下却是事实。如果你不太需要对方,去了解对方想些什么似乎并不重要,而且掌握权势的人并不像处在弱势地位的人一样需要仰仗对方。[15]

在一个现代经典研究中,社会心理学家亚当·加林斯基(Adam Galinsky)与同事们充分展示了权力所带来的这种效应。他们随机给被试分配了一些任务,让他们回忆并写出一个发生在自己身上的故事,可以是自己处于优势地位(处于上风)的个人经历,也可以是自己处于弱势地位(处于下风)的个人经历。[16]在此之后,无论在被试的回忆中自己是处于上风还是下风,所有被试都需要完成两个同样的任务,号称是"协同任务"。首先,被试需要按要求在最短的时间内连打5个响指。然后他们需要拿起一支记号笔,在自己的额头上画一个字母"E"。研究人员感兴趣的地方在于被试会如何画这个"E"字。他们会画一个面向外的"E",方便别人读取,还是会画一个面向内的"E",只方便自己读取呢?

他们发现此前心理铺垫中处上风的人中,把字母"E"向内画的人数是心理铺垫中处下风的人中选择这么画的人数的3倍。也就是说,当人回想自己处于优势地位时,会不太容易自发地从别人的角度出发考虑问题,这在这个例子中表现为应如何把字母"E"呈现给他人。

顺 从

这是个小实验，实验结果不足以得出确定性结论，但可以作为一个例证。一个人的优势地位与其看问题的角度之间有什么样的关系，这一点在许多研究中多有证明。[17] 综合来看，这些研究表明当我们处于优势地位时，我们往往不会考虑自己的言行在对方看来、听来是什么样的。了解这一点非常重要，因为当我们处在优势地位时，正是我们最不在意别人会如何解读我们的行为之时，可这种情况下我们所做的事、所说的话对别人产生的影响却是最深的。

不过值得注意的是这样的情况并不绝对。研究清楚地表明，人处于上风时有时的确会忽略他人看问题的角度，但有时也不尽如此。研究人员一度非常困惑，为什么这种现象会出现在某些实验中，却又在别的实验中消失？最后他们把原因指向了一个调节变量，认为这个变量有可能决定上述现象是否会发生。他们认为，对于那些本就愿意设身处地为别人着想的人来说，越是身处优势地位，越会更多地顾及别人的感受。[18] 他们能够做到推己及人，有的是出于自身原因，比如他们本就属于亲社会型人格，重视共同利益，也有的是出于外部环境因素，例如他们明确知道要想获得有效的领导力，必须重视他人的想法。对于能够从利他角度审视自己权势的人来说，他们更容易关注到伴随权势而来的责任，而不只是权势能够给予的便利。[19] 在此，我们先来关注权势导致我们更容易忽略他人感受的多种表现，在本章最后我们会回过头来讨论把权势与责任视为一体的结果。

在许多情况下，权势首先会导致人们忽视其他人的想法。其次会减少心理学家所说的"来自形势的压力"。"来自形势的压力"是指会影响我们所做的许多事情的环境和社会力量。也就是说，掌握权势的人做事情会更加随心所欲，不会被形势制约，不必顾及他人的意愿。他们更敢于"标新立异"，对众人的意见与社会规范不屑一顾，也不大在乎别人怎么看待他们。

加林斯基与另外一组同事通过同样的权势操纵实验对上述情形做了验证。在一项研究中，他们同样做了一些心理铺垫，要求被试回忆自己处于优势地位或处于弱势地位的情景，然后请被试完成一项具有创造性的任务，让他们想象自己来到了一个与地球完全不同的星球，在那里发现了一种生物。研究人员要求被试把这个生物画下来，并给他们展示了一个例子，称这幅示例图是由另一名被试所画。在这幅示例图中，有一个长着翅膀的外星生物。研究人员想看一看会有多少被试受到示例图的影响，同样画出长着翅膀的生物。[20]

结果显示，心理铺垫中处于弱势地位的被试中，37% 的人会参考此前看到的示例图特点，也给他们想象中的外星生物画上翅膀。但心理铺垫过程中认为自己处于强势地位的人中只有11%画上了翅膀。换句话说，感觉自己更强大的被试更不容易被别人的想法左右。

在另一项研究中，研究人员完美再现了这种现象，不过采用的是不同的方法。在这项研究中，被试需要按要求完成一些冗长又无聊的任务，相比前期回忆中处于弱势地位的人，回忆中自己处于强势地位的人更容易承认这些任务既无趣又漫长，就算他们知道其他被试已经违心地告诉研究人员他们觉得任务很有趣。这个实验再一次证明，认为自己比较强大的人不太容易附和别人对一件事的观点。

总体来看，各项研究均表明，处于优势地位的人不会像其他人一样认为自己有必要向本书所探讨的那类社会压力与问题低头：比如对尴尬的恐惧。在达利与拉塔纳的旁观者干预实验中，被试出于对尴尬的恐惧会在充满浓烟的等待室里牢牢地坐在座位上。而对于处于优势地位的人来说，他们不太会介意在充满变数的场合中采取措施是否会让自己陷入窘境，他们想到就去做了。在另一项有名的研究中，心理铺垫中认为自己处于优势地位的人更有可能在实验过程中采取行动，把摆在他们附近的一个能直吹他们、惹人厌烦的风扇挪开。[21] 没人知道这个风扇为什么会摆在那里、是否允许被随意挪动。但当时在心理铺垫过后潜意识中认为自己处于强势地位的人对此并不在乎。他们不会问，也不会担心别人怎么看待他们、会不会惹出麻烦。他们就那样把它挪走了。

因此，处于优势地位的人似乎觉得自己在做事情时享有更大的自由。不仅如此，科研人员尹一丹（Yidan Yin，音译）、克里希那·萨瓦尼（Krishna Savani）与帕米拉·史密斯（Pamela Smith）发现，如果你觉得自己可以随心所欲地做事，你会认为其他人也享有同样的自由。这就会导致处于优势地位的人会认为别人可以为自己的行为做主，由此导致其他人为不在自己掌控范围内的事受到责备。

在一项研究中，被试读到一系列场景，例如与朋友约好共进晚餐，但由于交通堵塞对方晚到了45分钟，或是由于出现突发状况导致一个项目中由某个同事负责的部分没能按期完成。在此前的心理铺垫中认为自己处于上风的被试表现出更容易责备对方的倾向，尽管对方已经清楚地表明造成迟到或进度滞后的客观因素非人力可改变。[22]

综上，权势的两个方面（一为缺乏换位思考，二为过高估计自由意志的普遍存在）共同作用，产生了一种违反我们直觉的效果，即处于优势地位的人特别容易低估自己对他人的影响。

试想你是一个处于优势地位的人，你给下属提了一个自认为很温和、很随意的建议，并且觉得如果对方不认同可以提出反对。但是在班农教练的事件中我们可以看出，处于优势地位的人随口说出的建议在处于弱势地位的人听起来像是一道命令。[23] 用此前提到的一位研究人员亚当·加林斯基的话来说，权势之人的一声低语，闻之如惊雷贯耳。你的下属恐怕并不认为你的提议真的只是建议那么简单。但你可能对此并不知情，因为你不会费心去揣度你的下属会怎么解读你的想法。此外，在你的世界观中，别人完全可以按照自己的判断对一条建议做出取舍，毕竟你就是这样做的。说到底，你可能没有意识到你"温和"的提议实际上在别人的感受中有多么难以推却。

关于威权之人如何看待自己对他人的影响，我最喜欢的一个说法来自电影《穿普拉达的女魔头》(*The Devil Wears Prada*)。影片中虚构杂志《天桥》(*Runway*)的主编米兰达·普瑞斯特利是一个安娜·温图尔[①]式的人物，她鼓动自己的助理安迪背后摆同事一道，让她取代这名同事去巴黎参加活动。米兰达是这么说的："如果你不这么干，我会认为你没有把自己在《天桥》或其他出版机构的未来当回事。决定权在你。"我最喜欢这句台词的最后一部分：决定权在你。[24] 显然这件事

---

[①] 安娜·温图尔是时尚杂志《时尚》(*Vogue*)的主编，被认为是本片中米兰达的人物原型。——译者注

的决定权并不在安迪手中。她的老板刚刚告诉她如果她不这么干就等于自毁前程。然而这句话说得冠冕堂皇，就好像安迪真的有能力拒绝一般。

再回过头来看班农教练一事，可能对于班农来讲，他确实认为如果有人对他在训练过程中提议的游戏规则感到不舒服可以拒绝参与，当然这个规则现在看来令人不齿。他当时会这么想可能就是因为他没有意识到自己轻轻松松说出的一个提议会被他的队员怎样理解——那是来自教练的一条不得不执行的命令。

当我们相对于别人处于优势地位时，我们通常意识不到对于是否能够否定或拒绝我们的建议，别人其实没有多大的选择余地。就像米兰达·普瑞斯特利与凯文·班农一样，我们认为自己的提议是可选的，但在别人的感受中却并非如此。这些都意味着处于优势地位的人对别人提出要求之前，需要谨慎考虑。同时这也意味着处于优势地位的人在与自己威势之下的人发生亲密关系时，须三思而后行。这是我们接下来要讨论的问题。

## 为什么老板不应与下属有染

2019年10月27日，距离凯蒂·希尔将当时在任的共和党议员赶走并取而代之还不到一年的时间，这位来自加州的民主党派国会女议员就因为"与一名职员两情相悦发生关系"从这个觊觎已久的席位上卸任了，令她的支持者们大为失望。[25]两周之后，麦当劳的首席执行官史蒂夫·伊斯特布鲁克同样因为"与下属你情我愿地发生关系"①[26]被董事会驱逐，导致麦当劳的股票市值蒸发了40亿美元。[27]

这两件事情在短短的时间内相继被曝出，引得许多不同年龄段、不同政治派别的人纷纷质疑这样的极端措施是否有据可依。说到底，这样的关系又有什么错呢？两个你情我愿的成年人难道不能为自己的私生活做主吗？

事实上，不允许上司与下属谈恋爱的观点以及相关正式规定的实施，相对来讲是近几年才发生的事。很久以来，人们一直反对禁止上下级谈恋爱的规定，认为人们应该相信两个本着美好意愿双向奔赴的成年人可以处理好这段关系中的权力平衡。任何限制人们在私生活中自由行事的规定都被视作一种大家长式的粗暴干涉。[28]这套理论同样也延伸到了高校教室中。因此直至2018年，我所在的学术机构并没有对教员与学生之间两相情愿的恋爱关系提出禁令。[29]

但是近年来，人们开始认真思考职场与校园中，权力的不

---

① 事后被曝出伊斯特布鲁克与麦当劳的多名员工保持着暧昧关系。——作者注

对等会在何种程度上粉饰成年人之间"两相情愿"的恋爱关系。把这样的关系称为"两相情愿"的问题在于,如果其中一方在起初拒绝对方的追求、在恋爱关系中不予配合,或是最后终结这段关系时,要承受的结果和损失远高于另一方,那么这段关系就不能算作真正意义上的两相情愿,这也是我在提及这个词的时候坚持给它加了引号的原因。

前文中我们提到过《实验室女孩》的作者霍普·洁伦,她曾写过女性在理工科领域中所经历的这种局面,讲述了当一个人对自己的职业前景具有持续的掌控权时,拒绝这个人的追求是件尤为困难的事。在描述到一名理工科实验室的研究生面对自己并不喜欢的导师发出的浪漫请求时,洁伦写道:"她很担心:她明天还得见他。她的论文还没有完成,还需要他来签字。如果他拒绝签字怎么办?她还很惶恐:如果她断然拒绝,会不会触怒他?"[30]

如前文所述,有权之人的低语,在其权势之下的人听来势如惊雷。因此,在位高之人看来并无意冒犯的表白,比如"我无法控制自己不去想你……",或是真诚的请求,比如"可以约你共进晚餐吗?……",在处于弱势地位的人听来感受可能大不相同,他们会担心忤逆这个人会对自己的职业前景与其他追求产生什么影响。每个提议与邀约中都暗含着一层"否则……"

的意味。

这种隐含的"否则"之意导致的结果就是人们有可能违心地同意发生性关系，甚至同意建立恋爱关系。"我也是"运动中曝出的许多知名案例均是这种情况。罗南·法罗（Ronan Farrow）的《性掠食者与他们的帝国》（*Catch and Kill*）一书中对布鲁克·内维尔向马特·劳尔发起的强奸指控有详细记录，据布鲁克所说，她不断与劳尔上床是因为自己忌惮于劳尔对她职业生涯的掌控。[31] 意大利演员兼导演艾莎·阿基多（Asia Argento）称她觉得自己"不得不"屈从于哈维·韦恩斯坦的性侵犯，因为她害怕这个人毁了自己的职业前途。[32]

这些都是在两性关系中提及职权滥用时最容易出现在我们脑中的案例，但也是我们最容易认为与自己的经历不具备可比性的场景。我们不认为自己的恋爱关系中存在这样的问题，因为我们能敏锐地感觉到我们的约会对象是满腔热情地进入这段关系中的。甚至这段关系可能一开始就是由他们发起的。

但这种思考问题的方式会暗示只有在一段亲密关系开始之初才是威压可能出现的地方。但类似的权力不对等会在整个关系存续期间不断地发生作用，只是我们没有过多注意这一点，特别是当我们是处于优势地位的那一方时。

事实上，即使在一段恋爱关系建立之初两人都心怀同样的

第六章
真实的威势与感知中的影响力

热忱双向奔赴,权力的不对等会在两人的亲密关系与工作关系中悄然改变日常生活中的话语权,特别是当个人关系与工作关系的界限模糊不清时。一些下属"和盘托出"了与自己的上司发生关系是什么样的情形,在他们的描述中出现过这样的细节:不断有新的要求出现在自己工作中待完成事项的清单上,比如需要去泡个茶,或是去干洗店取衣服等,这些从前都不在自己的工作范围内,而且完全属于不当要求,但现在他们却感觉不大容易开口拒绝。[33]

权力的不对等还有可能造成的情况是如果有人想终止这段关系,在是否能够随心所欲地做出退出的决定上,两人并不享有同样的自由,换句话来说,当这段关系最终的确走向破裂或是被公之于众时,其中一方需要为此承受的后果远远超过了另一方。莫妮卡·莱温斯基当年作为一名22岁的白宫实习生,与当时的总统可以说是踏入了有史以来最著名的一段不对等的恋爱关系。[34]据她所说,这段绯闻开始之初,她觉得双方"两情相悦"。可是当这件事情曝光以后,她是那个首当其冲承担了主要后果的人。比尔·克林顿勉力保住了总统之位,自此职业生涯便再无坎坷。而莱温斯基继续完成了学业从伦敦经济学院研究生毕业之后,在其后的许多年中仍然会因为那段不堪的历史在求职过程中四处碰壁。

顺 从

2019年在约翰·奥利佛（John Oliver）的《上周今夜秀》(*Last Week Tonight*)节目采访中，莱温斯基的讲述向我们清楚地展示了权力的不对等在那段关系结束之后仍在发挥的作用。当被问及她为什么不改个名字时，莱温斯基直击要害地回应道："没有人问过他（比尔·克林顿），他认为自己需要改个名字吗？"[35]

虽然大多数办公室恋情都不会登上八卦小报，但莱温斯基身上发生的事我们却已耳熟能详。与上司谈恋爱，无论是恋情曝光，还是恋情告终，事后承受最强烈冲击的往往是处于弱势地位的那个人，是那个工作经验不够丰富、人脉与门路有限的人，他们的前途也会由此变得更加扑朔迷离，因为他们在工作中的成绩可能被人认为是靠"与老板上床"才取得的，由此也变得一文不名。

这就是近来许多组织开始实施惩罚性规定的主要原因，史蒂夫·伊斯特布鲁克的罢免与凯蒂·希尔的卸任也由此而来。这样的规定是为了确保处于优势地位的一方也需要承担严重的后果，以此来平衡双方的关系。如果没有这样的措施，甚至有时即使已经有这样的措施，地位的不对等也有可能导致出现迫于无奈的两性关系与权力滥用的现象，尤其容易让弱势一方的处境雪上加霜。

那么如果双方确实本着诚意而来又会如何呢？我相信大多

数人都是这么看待自己的恋爱关系的。如果一个睿智明理、襟怀坦荡的老板对一名员工暗生情愫，或是开始了恋爱关系，难道他意识不到自己是否有越界之举吗？

不幸的是，正如我们在前文中所见，身处优势地位的人通常意识不到自己有没有滥用权力。他们会认为其他人如果不认同某事，完全可以说"不"，并且他们恐怕也意识不到自己在那段关系中的力量天然地具有强迫属性。[36]因此，他们会大胆地撩拨本不该撩拨的人，在私人关系与工作关系中不断突破本不该逾越的底线，与此同时还自认为对方应允的任何事均出自本心。如果一名篮球教练能够由衷地相信他那些备受精神折磨的队员愿意在众目睽睽之下以脱衣为乐，你就不难想象一名上司会认为与自己有染的员工所做的任何事情均是心甘情愿。

身处优势地位的人更加难以意识到自己一厢情愿的追求会将对方置于何种窘境。回想我们上一章中提到的一项研究，印象中拒绝过同事的浪漫请求的被试中，有半数人称事后自己会回避对方，而印象中被同事拒绝过的被试中，只有7%的人认为对方会躲着自己。很难想象这两者之间的认知差还能扩大到什么程度。然而，当被试回忆中的这段关系存在权力不对等的情况时，这个认知差进一步扩大了。回忆中拒绝过上级的追求的人中，有67%称自己会在事后躲避对方，但回忆中被下属拒绝过的人中，没有一人认为对方曾在事后回避过自己。

让事态变得更加复杂的是，身处优势地位的人发起的追求攻势在别人眼中可能避之不及，可他们却会觉得对方甘之如饴。研究表明，人们，特别是男性，有时会把友善误解为情意。在一项经典的研究中，[37]被试透过一个单向镜观察一男一女两名演员的友好交谈。在此之后，演员与观察者都需要说出自己认为每名演员在何种程度上会被交谈对象吸引、希望能与对方约会。结果表明，男演员与男性观察员认为对话双方相互吸引、有约会意愿的程度普遍比女演员与女性观察员眼中的程度高。换言之，在该项实验中，男性比女性更容易从一段友好的交谈中臆断出一些你侬我侬的意味。这种倾向对于处于优势地位的男性来讲问题尤其严重，因为他们可能更容易把身处弱势地位的人在与身处强势地位的人互动时所表现出来的友善与顺从误读为倾慕，导致他们误以为这名下属与自己一样对对方产生情愫。[38]

上司与下属之间的浪漫关系常常看起来郎情妾意，你情我愿，甚至双方自己也是这样认为的。但是如我们所见，如果一段浪漫关系或是这段关系中的某个部分并非两相情愿的结果，处于优势地位的那一方也不见得会意识到这一点。所以一旦权利滥用的问题在两性关系中显现，最终也只能靠处于弱势地位的这一方去发现它、挑明它。可是，正如我们在前文中所述，尽管人们在想象中认为自己有这样的胆魄为反对权利滥用振臂高呼，实际中我们都低估了兑现这一腔热情的难度。

丑闻过去许多年后，莱温斯基在一篇写给美国生活杂志《名利场》(*Vanity Fair*)的文章中说道："如今，在我44岁的时候，我开始（仅仅才开始）思考一位总统与白宫实习生之间如此巨大的力量悬殊意味着什么。我开始哑然失笑，在那样的情况下，那些当时觉得情愿为之的事情似乎变得模棱两可。"[39] 综合诸多事例来看，两个人能否管理好双方关系中权势不对等的问题似乎并不乐观，因此上级与下属间所谓的两相情愿恐怕最多只能算是介于"你情我愿"与"虚与委蛇"之间的一种模糊关系。

## 系统性力量

2020年的阵亡将士纪念日那天，有两个恶名昭著的事件被视频镜头捕捉到：其中一个视频记录的是一个叫艾米·库珀的白人女子在纽约中央公园遛狗时与一个叫克里斯蒂安·库珀（两人没有关系）的黑人男子起的争执，起因是前来观鸟的克里斯蒂安·库珀要求艾米·库珀按照中央公园的规定把自己的

顺　从

狗拴上绳。视频记录了她拨打911报警电话，夸大其词称一个"非洲裔美国男人"（这是她一遍遍不断强调的一句措辞）对她的生命造成了威胁。[40] 第二个视频是关于一个叫乔治·弗洛伊德的黑人死在一个叫德雷克·肖万的白人警察手上的事。据称乔治·弗洛伊德由于用20美元假币买烟被捕。这段可怕的视频中肖万用膝盖跪压在弗洛伊德的脖子上将近9分钟，其间即使弗洛伊德已经告知对方自己呼吸困难，与肖万同行的警察却也只是冷眼旁观。[41]

事实的可悲之处在于上述两个事件没有一个不是人们司空见惯的事。但是广大群众对于这两件事的反响之强烈却不同于此前诸多类似事件。或许是因为视频中本身有一些直击人心的场面，比如艾米·库珀在编造不实指控之时"像在恐怖电影中惊声尖叫一样扯着嗓子"的做派，[42] 或是弗洛伊德趴在地上无助地唤着妈妈时那令人心碎的画面。或许是由于两个视频在如此短的时间内相继曝光，让人难以忽略美国黑人惯常遭受的羞辱与他们不成比例地遭受的粗暴对待[43]之间的联系。或者，也可能是全球疫情下人人都把自己关在家中，很难不被这样的事件抓住眼球。无论什么原因，这两件事似乎在美国与其他国家都引发了种族歧视的大清算。短短几周内，上亿美元的捐款飞往各个种族平等组织与保释基金，[44] 黑人企业的销售额大增，[45] 关于种族歧视与白人特权的书占据了各大畅销书榜单，[46] 对种族歧视的抗议持续数周，声势浩大地席卷了整个美国与其他各个国家。[47]

此次清算在社交媒体上持续发酵，美国黑人前赴后继地在社交媒体上公布了自己在追求职业理想或是普普通通的日常工作中在白人面前所遭受的种种屈辱与不公。在广播记者索莱达·奥布莱恩所称的"我们自己的'#我也是'运动"[48]中，身为有色人种的各路记者分享了自己的故事。有的人因为对有关黑人群体的新闻报道提出质疑而招致批评，因为人们认为他们的意见缺乏客观性；有的人见证过黑人名人的个人资料被无视，因为他们被认为是"不入流"的人物。[49] 在作家 L.L. 麦金尼发起的"#出版商给我的报酬"的话题标签下，[50] 许多作家公布了自己的预付稿酬，黑人与白人作家之间巨大的稿酬差别大白于天下。[51] 我所在的学术领域中，在由传播学教授夏尔黛·戴维斯（Shardé Davis）与博士生乔伊·梅洛迪·伍兹（Joy Melody Woods）发起的话题标签"#象牙塔中的黑人"中，[52] 人们再一次谈起了在本应是自由思想之庇护所的学术界中所发生的种族歧视问题，比如黑人教职人员被不成比例地安排在各种大学委员会中，不公平地承担了许多工作量；再比如致力于修正社会差异问题的研究项目被人们认为其价值与重要性均不

顺 从

及"基础研究"。[53]

除此之外,有辱尊严的事件频繁出现在各种场合中:你着正装时被误当成管理员,你下班待在办公室时被安保人员盘问,你的头发似乎总能引来指指点点,也总有人奉劝你把语气放轻放缓。许多小事虽然无非是一些无心之失,就好比一句犯了忌的恭维,或是一条语带古怪的好心规劝,似乎都不值得计较,但是当我们翻阅过数千条这样的事件描述之后,我们可以清楚地感受到日复一日面对着铺天盖地带着好意而来、最终却伤人于无形的话语,是一种多么令人沮丧的体验。不仅如此,考虑到眼下丢不起的工作、未来失不起的机遇,加之不愿坐实世人对黑人的成见,人们还要面带笑意表现得宽宏大量,把所有的伤痛与愤怒深埋于心,又是怎样一种令人心力交瘁的感受。

对于许多美国白人来讲,看到这些事一桩桩一件件被摆出来,了解到有如此多未曾言说的暗涌发生在人所不知地方,可谓大开眼界。这一方面表明此次运动效果显著,但另一方面却引出一个至关重要的问题:为什么这些事件对广大美国白人来讲会如此令人瞠目?单纯从这些事件发生的范围来看,怎么会有人真的不知道身边曾经发生过这样的事情?如果你真的对此毫无知觉,是否意味着你也是这个问题的一部分?不可避免的是,许多美国白人在某些时刻也会思忖:有没有人身上发生过的事也有我的原因？如果真是如此，我会知道吗？

在本章前面的部分中，我曾就事论事地提到过，身处优势地位的人不会花费太多的心思站在别人的角度看问题。当时所述的基本概念是说如果我对你并无所图，也无须借你的势，我确实没有什么必要劳心费神去琢磨你的想法与感受，了解你的喜好与微末的烦扰。当时提到这个观点时，你想到的可能是我们此前所讨论的那种权力动态关系，即两个个人之间的相对权势，比如我们案例中讲到过的上下级关系，或是教练与队员之间的关系。然而，现实中还存在其他形式的力量，其中一种便是系统性力量。而美国社会中最根深蒂固的系统性力量之一就是系统性的种族歧视。

系统性种族歧视指的是渗透在我们的社会结构与体系之中的种族差异。数百年前，为了让奴隶制得到合理化解释，人们创造了种族的概念，并据此建立起了白人为上的社会等级制度——一个以美国为代表的西方社会的组织架构与体系。自此，社会的主要功能就服务于维护这样的等级结构。[54,55]这种系统性种族歧视所带来的影响历时持久，直至今天仍能从不计其数的各种现象中看出白人与黑人群体间存在的巨大差异，从薪酬差距到就业率差异，[56]从健康不平等[57]到不成比例的监禁，[58]从警察动用武力的程度[59]到持续进行种族隔离的学校体

顺　从

系[60]等，不一而足。

这种种族等级体系对白人来讲意味着几件事。首先，这意味着白人往往是重要资源的看门人，他们执掌着领导地位与管理地位，能够决定一个黑人在大学申请[61]、工作申请[62]，以及在此期间的任何申请（比如奖学金、学徒资格、晋升机会）的结局与命运。其次，它还意味着身为白人便成为社会常态，是默认的社会存在，是种族之外的人群。正如纽约城市大学布鲁克林学院的社会学家格列高利·史密斯西蒙（Gregory Smithsimon）在电子杂志《万古杂志》（*Aeon*）上所写的一篇文章所述："最具权势的种族是不可见的：那就是白人种族。身处权力之巅的好处就在于白人可以把自己设想为社会常态，认为只有其他人才有种族一说。"[63] 这也是为什么一些黑人学者，比如《白人的历史》（*The History of White People*）一书的作者、历史学家尼尔·潘特（Nell Painter）呼吁把英文单词中"白色"这个词的首字母大写，用来在种族范畴内特指白人①，由此拒绝"白人可以悠闲地置身于种族之外"的现象。[64] 再次，它意味着白人享有避免触及种族话题的特权，他们大可以称自

---

① 尽管如此，许多书面规范指南中仍然会坚持使用小写字母。其中一部分原因是大写首字母会无意中将一些白人至上主义组织合法化，这些组织一直以来会通过将白色（white）一词的首字母大写来指代自己。——作者注

己完全没有看到种族的区别，而有色人种却没有这样的荣幸。斯坦福大学的心理学家詹妮弗·埃伯哈特（Jennifer Eberhardt）在她所著的《偏见：揭示影响我们所见、所思和所为的隐性偏见》（*Biased: Uncovering the Hidden Prejudice That Shapes What We See, Think, and Do*）一书中写道："在美国社会中，应无视肤色区别的理念备受推崇，就连小孩子都明白关注别人的肤色是种无礼的行为。"[65]然而在现实中，要做到"无视肤色"不仅不现实，反而会淡化由来已久的种族不平等问题，导致本就由多数人占据的主导地位得到进一步强化。[66]

这些都意味着当黑人试图"白人化"自己的履历，[67]在工作中通过"行为转换"让自己看起来、听起来更加"职业化"（也就是更像白人），[68]并普遍学着"在白人的空间中摸索出自己的存在方式"时，[69]白人却可以假装种族问题并不存在，并可以"避开黑人空间"[70]而无须承担任何后果。这就导致白人没有必要去探究有关黑人日常经历的信息，也无须主动去反思自己对于黑人的刻板印象有什么问题。[71]

回到我们前面提出的问题，这就是为什么职场中的许多白人在社交媒体或其他地方读到他们的黑人同事的经历之后会觉得不可思议。白人有不从种族角度看待问题的奢侈。然而，正如北卡罗来纳大学的哲学教授、《善良的白人》（*Good White*

顺 从

People）一书的作者香农·沙利文（Shannon Sullivan）在有声杂志"现场报道之声"（Scene on Radio）的《看见白人》（Seeing White）播客节目中指出的："如果你看不到种族，又怎么可能看得见种族歧视？"[72] 也就是说，对白人来讲，就某个人的发型多问了两句对他们而言只是简单的聊天而已，他们恐怕看不到这样的问题中天然隐含的种族主义成分。但是对于成天被问及此类问题的人来说，每次被人问到就等于是一次提醒，提醒他与别人不同，提醒他不属于这个群体。这就是结构性的种族主义在起作用，它揭示了我们所处的世界中种族隔离有多严重，以至于同为美国人，我们会觉得对方的头发看起来如此"非我族类"。许多同类型的事件需要在同一个地方不断地出现、经过成百上千次的描述才能让看在眼里的白人意识到这些事件背后都有规律可循，而非某个偶发的"错误"或"误解"。

与我们本书的主题一致，这些因素同样能够导致白人忽略我们自己（从一个白人女性的视角而言）的言行是以什么样的方式影响到我们的黑人朋友与同事，最终为种族不平等添了一把火的。在乔治·弗洛伊德的死亡事件之后，美国海军学院的学生拉梅什·纳加拉贾写的一篇题为"来自白人堆里唯一一名黑人朋友的反思"的文章被疯狂转载，他写道："我认识的许多白人朋友对于他们有意或无意间在强化种族问题的过程中所扮演的角色毫无知觉。"谈及"多数白人应该会记得的场景"（比如称别人为"你是我所认识的人中最像白人的黑人"，或是批评对方何必刻意切换自己的言行举止，或是在黑人朋友身边大讲俚语）时，他写道："白人朋友可能永远也不会知道他们的这些话杀伤力有多大。"[73]

播客节目《善良的白人父母》（Nice White Parents）的制作人查纳·约菲-沃尔特（Chana Joffe-Walt）表达了类似的观点，即白人意识不到自己的言行举止会如何影响有色人种，只不过她把这个话题放在了公共教育这个语境下来讲。在那期播客节目的第一集结束时，她描述了一个特别像马古先生的形象："这种事情会一遍遍发生——白人家长动用了他们的影响力，自己却没有意识到。就好像一个人背着巨大的背包游荡在拥挤的商店中，每次转身都会把东西撞得七零八落。"[74]

这些都意味着如果我们再来问一次之前提过的两个问题——"有没有人身上发生过的事也有我的原因？"和"如果真是如此，我会知道吗？"，这两个问题的答案对于大多数白人来讲分别会是"是的，可能性极大"，以及"大概率不会"。华盛顿大学医学院的一名临床医学博士与公共卫生硕士学生内奥米·特威约·诺金斯（Naomi Tweyo Nkinsi）在一条针对学术界的推特中所说的话放在任何行业中也同样适用。他说："如果学术界中有白人朋友（或非黑人、非原住民或非有色人种的所有朋友）曾经反思过自己是否对'＃象牙塔中的黑人'话题下所讨论的问题起过推波助澜的作用，我向你保证这个答案是肯定的。只不过因为有些事情对你来讲无关紧要，你不记得罢了……请你明白，对你来讲一个小小的过失，对那些一生都在承受别人种种无心之失的人来说，有可能会成为又一次痛苦的伤害。我自己经历过这样的伤痛，当年人们针对我或是关于我发表的一些言论，至今都在我脑中挥之不去。"[75]

说到底，疏忽大意也好，缺乏同理心也罢，那些带有种族偏见意味的言论再一次证明了身处优势地位的人尤其难以觉察自己的言行对他人有何影响。人们有时也把这样的言行称为微歧视。[76]在这种情况下，所谓优势地位不见得一定来自作为某人的上司或教练这样的角色，也可能来自一个根深蒂固的社会等级体系下作为一个受益群体的身份。无论出发点有多好，身处优势地位的白人所犯的种种"无心之失"汇集成势，消磨着黑人耐性，并令黑人在职场[77]与校园中[78]承受了过多的压力与焦虑。这种持续性的压力造成的后果甚至已经在细胞学层面显现，呈现出人们所称的"老化"现象。[79]据观察，美国黑人的细胞已经出现了提早衰老的迹象。如果你曾经努力想要丰富职场的人群构成，上述的类似错误可以在不知不觉间助

第六章
真实的威势与感知中的影响力

长组织文化中的歧视氛围，令构成"多元化"元素的少数人群望而却步，将你的"多元化"努力消解于无形。[80]

这种现象又提供了一个理由，阐明我们为什么有必要指出身处各种优势地位的人对自己的言行给他人造成的影响缺乏认识。白人可以通过很多方式来建立这样的认知，比如关注社交媒体上黑人群体的发声，阅读有关黑人的回忆录、历史与文学书籍，以及如人们再三紧急呼吁的一样，去听一听黑人的心声。虽然我们可以更多地从那些认同不同的种族的人那里获得他们对于种族问题的见解，但这么做有时候反而会强化我们对种族问题的刻板印象，因为人总是基于自己固有的认知去想象别人对某个问题的想法与感受。[81] 相比之下，通过亲自倾听对方讲述他们自己的故事而获得的直观印象可能更容易帮我们在更宽泛的生活范围内理解我们的一言一行在别人眼中意味着什么。[82] 我们在下一章中会再来讨论，要想解决我们对自己给别人造成的影响缺乏认知的问题，为什么从直观感受出发是一种比透过别人的视角看问题更有效的策略。

## 权力即责任

至此我们应该已经明了权力会导致人们进一步低估自己对

他人的影响力。向一个对自己具有影响力的人说"不"尤为困难,但手握权力的一方却会认为说"不"是件简单的事。这会导致处于优势地位的人最终在不经意间做出越界之举时会对此一无所知。

然而正如我此前所提到的,权力所带来的这种效应并非不可避免。确实,我们大概都能想到一些与众不同的领导。总有一些身居高位之人似乎对自己所说的话、所做的事以及种种决策会对别人带来的影响保持高度的敏感。有的领导人非常懂得自己的下属可能会因为一种压迫感而认同他们的观点,因此会有意识地选择在最后发表意见。据说奥巴马总统就是如此。[83] 还有人营造了一种互助型的文化,在这种文化下高管无须被请求就可以伸出援手对某个项目给予协助,比如大卫·凯利在IDEO公司所开创的企业文化。[84] 当然还有人能够顾全大局,敏锐地洞悉到自己的存在本身会给别人造成的影响,尽管有时这并非他们所愿。比如社会新闻网站Reddit的联合创始人亚力克西斯·奥哈尼安(Alexis Ohanian),由于意识到自己作为一个白人,仅仅是出现在这一席位上就会对公司提升人员结构的多样化多带来一重阻碍,所以决定退出公司董事会。[85] 上述事例都可以用当选总统约翰·肯尼迪(John F. Kennedy)在竞选结束之后的一个演讲中用来阐释自己"对于国家的职责"

时所用的一句话来总结:"一个人得到的权力越多,责任就越大。"[86]

为什么同样是拥有权力,有的人察觉不出自己之于他人的影响力,有的人却对此有清醒的认识,有时甚至觉得这样的影响力对他们来讲是一种负担?看起来区别似乎在于人们如何诠释自己对他人的影响力。他们会认为自己是掌控着别人的结局,还是认为自己对别人的结局负有责任?

任何权力都是伴随着机遇与责任而来的。掌管客户投资的基金经理一方面获得了令自己致富的机会,另一方面也承担着为客户赢得一份稳定的退休生活的职责。一个公司的首席执行官获得了按照自己的蓝图来发展公司的机会,同时也要确保这是一条走向成功的道路,为自己的员工与股东负责。

然而,虽然权力本身就伴随着这两种属性,大多数人却更容易耽于权力所带来的便利,忽略随之而来的责任,这种现象在西方社会的文化中尤其明显。[87]我们想要成为一个团队的领袖,因为我们的职业生涯将为此迎来更大的机遇,而对于一旦赢得这个角色我们应为团队的业绩承担什么样的责任,我们却甚少考虑。

研究甚至表明,当提及与权力相伴而来的责任时,这份权力在人们眼中似乎就不那么令人期待了。在心理学家安妮卡·

顺 从

肖勒（Annika Scholl）牵头所做的一项研究中，当被选作队长的被试得知他们有责任决定最终如何在队员之间分配奖金时，他们表现出了一些心血管应激反应。[88]在心理学家凯·塞森堡（Kai Sassenberg）与同事们所做的另一项研究中，当被试按要求对某项权力所附带的责任进行思考之后，被试加入具有较大权力的组别的意愿有所降低。[89]

然而，无论关注权力所带来的职责对大多数人来讲有多么稀奇、多么不轻松，仍然有人身居高位时会首先从责任的角度来看待自己的权力。这样的人在动用权力时更容易关注随之而来的影响，也会在运用自己的影响力时表现得更加谨慎。

这是因为把权力视为责任的人往往会更加关注别人，而非自己。如果我会思考自己对仰仗于我的人承担着什么样的职责，我就会关注他们可能要承受的结果、他们有什么样的想法与感受，而不仅仅是考虑我自己。也就是说当我有做某事的冲动，或是要做出一个决定时，我就有可能仔细思量落实这样的冲动、做那样的决定会如何影响他人。我可能会想到邀请我的员工外出与我约会让对方有多为难，或是让我的队员张口告诉我训练太过严苛是否很难。

因此，研究结果也表明把权力等同于职责的人在安排工作时会更加公平，[90]而且对人际关系的感觉也更加敏锐。[91]他们也不大会随意做出越界之事，或是像本章前面所描述的情况一样，提出什么不当请求。

我们在本章前面的部分提到的篮球运动员乔希·桑科斯后来能够在有这样思维的一位教练手下完成自己的运动生涯，可以说是非常幸运了。罗格斯大学球队的脱衣事件之后，桑科斯转到了由拉尔夫·威拉德执教的美国圣十字学院篮球队。威拉德是一位德高望重的教练，他认为能够"充分考虑别人的感受"才算得上是执教的成功。[92]

针对罗格斯球队的事件，威拉德并不认为这是件有趣的事，也算不上游戏，他充分认识到这件事给桑科斯带来的毁灭性打击，并且了解桑科斯需要付出多大的"心血与勇气"才能继续走下去。在最艰难的第一年里，桑科斯一度怀疑自己是否还想继续把篮球运动进行下去，是威拉德最终帮助桑科斯重建信心，而桑科斯后来也成为圣十字学院篮球队的领军人物，带领球队挺进了 NCAA 联赛。用威拉德的话来说，"最重要的事是要让他能够信任我，让他知道在我眼里他是一个人，我很在乎他"。[93]

像威拉德这样的领导者能够提醒我们，权力并不一定会导致人们无视自己对他人的影响。总有办法能够让人在拥有权力的同时依然兼顾他人的感受。但是要做到这一点，你必须能够重新认识权力中人们通常并不会过多考虑的那个部分——伴随权力而来的职责，这样你才会关注到自己会对他人带来什么样的影响。

处于优势地位的人对他人的影响更高于常人。而与此同时，拥有权力的人在心理上反而更难意识到这一点。这就意味着处于优势地位的人需要更加努力才能让自己意识到自己的一言一行会对别人造成何等影响，由此对自己的言行做出负责任的决定。怎么样才能让他们做到这一点呢？或者更进一步来说，怎么样才能让我们所有人都做到这一点呢？这是我们在下一章中将要探讨的问题。

第六章
真实的威势与感知中的影响力

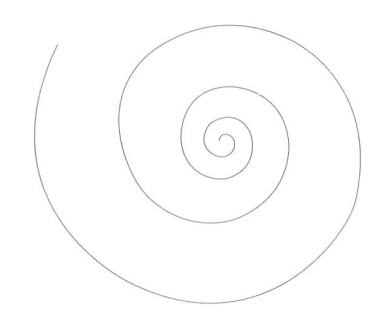

# 第七章
# 去看、去感觉、去体验你对他人的影响

写这本书的时候，正值新冠肺炎疫情肆虐之际，我和我丈夫以及两个年幼的孩子正按照纽约州的居家令待在家中。趁着我2岁的孩子小憩，以及我6岁的孩子得到允许沉浸在iPad中长时间玩耍时，我得以抽空进行写作。毫无疑问，我们是那些幸运的人：我们还可以选择远程工作，都保住了自己的工作，并且到目前为止还能健康地活着。但许多人就没那么幸运了，有的丢了工作，有的失去了至亲至爱，有的生了病，还有的被迫安置在没有安全感的地方，以从未想象过的方式仰仗着别人生活。

　　在新冠肺炎疫情暴发的早期，我就已经看到许多低估自己对他人的影响力的事例。这些事例有的令人恼火，也有的暖人心窝，但它们都让我得出了同样的结论：在我的一生中，从未有过哪个时刻让我觉得人们对自己言行的影响力缺乏认知这件事会以如此多样的方式带来如此严重的后果,也从未有哪个时刻让我觉得把人的实际影响力做个清楚的阐释是件多么紧迫的事。

先来说令人恼火的一面。即使已经有严正警示告知人们保持社交距离的重要性,依然有人们因为一些无足轻重之事外出聚集的报道不断出现:有春假期间扎堆来到佛罗里达海滩度假的人,[1] 有圣帕特里克节那天芝加哥各个酒吧外排起的长队,[2] 还有曼哈顿区的社会翘楚在 Instagram 上贴出的公然蔑视"非必要不外出"这道禁令的照片。[3] 人们很容易把这些行为简单理解为自私自利的表现,但我认为这些行为恰恰是本书中所有议题的真实写照。在我给美国《国会山报》(*The Hill*)写的一篇文章中,我曾说过,所谓自私,指的是人们不顾及他人、只考虑自己。一个自私的人会这样想:"我只在乎自己的健康,而且我属于低风险人群。我不会去遵守保持社交距离这样的规定去保护他人的健康,因为我才不管他们呢。"[4] 但大多数人并不是这么想的。多数人都会在乎别人,而且在乎的程度完全值得我们给予他们更大的赞誉。[5] 因此对于这么多人会做出类似上述行为的原因,更加合理的一个解释是他们只是意识不到自己的行为会对别人有什么影响。他们无意伤害别人——我并不认为他们在圣帕特里克节喝生啤是因为他们觉得这件事比其他人的生命更重要。他们只是对这么做可能给别人造成的后果缺乏了解。每次在此类事件出现后总会有许多人忙着致歉，承认自己的过错，而且看起来皆语出真诚，似乎也印证了我的这种解释。[6,7]

再来说暖人心窝的一面。在许多事例中人们低估了自己的影响力，而这既有意义重大的一面，也有令人欣慰的一面。一位叫瑞贝卡·梅拉的女士在社交媒体上发布了自己的一段经历，称一对老夫妇在百货商店的停车场请她帮忙，问她是否愿意帮他们进商店买一些生活用品，因为他们特别担心自行前往有可能被病毒感染。她在推特上写下这段经历时，称"当时做这件事时根本没有多想"，但此事却在人群中引起了巨大的反响。许多人说她的故事打动了他们，于是他们也在寻找自己在社区中帮助那些处于风险中的人的方式。如梅拉所说："似乎受此事启发，数千人都希望能够去关照自己的邻居、祖父母与父母。"[8]

许多人都对其他人愿意答应自己的请求感到吃惊，他们不仅愿意帮助自己获得食物、口罩这样的必需品，还会同意单纯为了获得欢乐而提出的请求，比如在隔离期间一起欢庆些什么。北卡罗来纳州的一位母亲在一个吉普车论坛上发布了一条消息，请求邻居们在她 8 岁的孩子生日那天开车路过她家门前，因为她的孩子是个吉普车迷。她的消息是这样说的："就算只有一辆吉普车能路过我家门前，你想象不到作为一名母亲，我会为此抱有多大的感激之情！"那天开车路过她家门前的吉普车超过了一百辆。[9]

我的同事吉莉安·桑德斯特仑是埃塞克斯大学的一名心理学家，她也有过类似的经历。对于如何在隔离期间度过自己的生日，她有一个想法。此前参加过一个线上直播演唱会后，她就在想，如果能邀请自己最喜欢的爵士歌手莎拉·道林（Sara Dowling）为自己的生日举办一场私人的远程演唱会该是多么美妙的一件事啊。她不知道这件事是否行得通，也不知道这位歌手是否对此事有兴趣。吉莉安当时跟我说："我不知道她会不会答应这件事。给她发邮件的时候我特别紧张。莎拉回复这封邮件之前，我甚至都没有告诉我丈夫这件事。"但吉莉安还是抛出了这个请求，并且在得悉她最喜爱的歌手答应了这个请求时大喜过望。后来这场演唱会成为一个令她难忘的生日礼物，同时她还在邀请了一些朋友共听之后在演唱会中为这名歌手筹集了资金。在当时可预见的一段时间内，这名歌手原本非常繁忙的演出日程突然空了出来。

考虑到本书中我们所探讨的诸多内容，上述事例的出现并不令人感到意外。我们已经了解到我们会低估在社交媒体上看到我们发布消息的人数之众、我们的请求得到回应的概率之大,以及我们的行为会被效仿的范围之广。这场疫情可能凸显了这些问题的紧迫性,但其实它们一直都是存在的。

这些问题应当如何解决呢?这是本书接近尾声之际,我们需要解答的一个萦绕在脑中许久的问题。我们往往难以察觉自己对他人的影响力,解决这个问题最好的途径是什么呢?怎样才能更加自信地向别人提出请求(不只是关于燃眉之急的请求,还包括能让自己获得便利与快乐的请求)?与此同时,如何才能更加敏锐地感知到自己有可能无意间给别人造成了影响,令对方感到不适或给别人的生活平添了烦扰?

心理学家用了几十年的时间试图找寻能够让人们意识到这种认知偏差的有效手段。我也希望我能说一旦你认识到某种偏见,这种偏见就会自行消失了,如果是这样,读完这本书,我们的问题也便解决了。只可惜,似乎没那么简单。[10] 意识到认知偏差的存在只是一个开始。要想真正理解我们对他人的影响,我们还需要做进一步的努力。

在本书最后一章中,我会给大家提供一些有研究依据的策略,帮助大家更清楚地认识自己对他人的影响力。这么做的目的在于我希望你能够对自己以前未曾发觉的力量有更明确的认知，当你觉得施行这样的影响力可以为自己与他人带来好处时，你可以大胆地使用它，反之当你觉得会给自己与他人造成负面影响时，你能适时地收手。为了帮你做到这一点，本章的内容将围绕三个主要目标展开，我会阐述达成每一个目标需要采取何种策略。这三个目标就是让我们能够更好地看到、感觉到、体验到我们对他人的影响。

1. 第一个目标是要能够开始看到我们的行为对他人的影响。为此，我们需要跳脱出自己视角。当我们透过自己的视角向外面的世界张望时，我们看不到自己，也看不到自己在造成某个局面的过程中起了什么作用。因此我们会探索一些能够帮助我们跳出自己视角的方法，看看自己在塑造这个世界与周围的人时所扮演的角色。

2. 第二个目标是要能够真切地感受到我们的行为所带来的影响。一旦跳脱出自己的视角，我们就有可能看到我们做的那些影响到别人的事情。但这并不意味着我们就可以充分了解这种影响的威力。为此，我们需要进入别人的视角，换位思考。我们必须能够更加准确地预测与理解别人对我们所做的事、所说的话会有什么样的感受。

3. 第三个也是最后一个目标是要去亲身体验我们的影响力。这个目标的想法主要来自我从我实验中的被试身上看到的巨大变化，来自他们按要求出去向别人提出请求，并发现一切都比想象中容易之后想法上出现的改观，也来自别人对类似变化发生在自己身上的讲述。不过我们会发现，要想通过直接获得真实的体验来精准地了解自己的影响力并不像我们一开始想象的那么简单。

实际上，有一点需要重点说明的是，任何一种策略都不是包治百病的灵丹妙药。在我讲述这些研究时，我们会发现任何建议都不会永远对所有人有效。在这个过程中我会给出一些重要警示。有时候这些策略产生的效果可能会适得其反。与此同时，我们也会发现有一些实施起来最简单不过的方法反而会产生最好的效果，比如7分钟书写练习或仅仅是直接询问对方有什么想法。这些措施最终都会让我们相信，了解自己的影响力是件可以实现的事情。

## 看到你对他人的影响力：跳出自己的视角

让我们花一点时间来回想你与你的朋友或所爱之人陷入的某次激烈的争吵。试着完全回到当时的场景，尽可能回忆所有的细节——你们在哪里、说了些什么、你是怎么说的。

当你回忆当时的场景时，很可能出现的情况是你在思想上穿越时光回到了当时的那个你的脑中，从你自己的视角去看待周边的事物。有研究人员对人们回想过往时看问题的角度做过研究，他们发现当我们回顾类似于此的人际交往活动时，我们大多数情况下会从第一人称视角出发。当被试按要求回忆近期的某次对话、某个感到愤怒的时刻，或是某个令人尴尬的事件时，从第一人称视角出发的人达到了从其他人称视角（比如说从一个旁观者的角度，或是更少见的情况——从对方的角度）出发的人的两倍。[11]

人们主要以这样的方式回顾这些事情很容易理解。毕竟这是我们人生中绝大多数体验所采用的视角。虽然并非闻所未闻，但"跳出自己的身体"①去感受某件事的情况并不多见。然而，如果你想要更加清晰地了解自己对他人的影响力，单纯从第一人称视角去看、去记忆、去解释这个世界的根本问题在于：当我们从自己的角度向外看时，我们看不到的恰恰是自己。

这就意味着，当我们回想起与朋友的某次争论时，我们会发现自己回到的还是当时那个气血翻涌的自己，眼前很容易浮现出我们的朋友当时种种令人大为光火的表现。然而，仍旧从这个视角来看的话，要想再现当时我们对朋友做出过什么恼人

---

① 实际上，我们更容易从第三视角回想起的事情包括公开做演讲或公开表演等，因为在这些场合下我们已经清楚地知道自己处在人们的关注之下。——作者注

的事情就要困难得多了，而很有可能就是这些事情导致我们的朋友做出了那样的反应。也就是说，我们看待世界的本能的方式天然地让我们难以察觉自己在诱发别人的行为时起了什么样的作用。因此，一旦争执爆发，我们就会把原因归结为对方的坏脾气，而非我们自己说过的那些恼人的话。或者当我们就某件事长篇大论进行抨击时，我们会认为别人一直热情地点头应和是因为他们赞同我们的观点，而非为了避免表达不同意见之后出现尴尬的局面。

心理学家丹尼尔·吉尔伯特与内德·琼斯的一项经典研究显示出我们对自己在激发别人的行为时起到的作用多么缺乏认识。[12] 在他们的研究中，被试（我们称之为"诱导者"）了解到他们需要向另一名被试（我们称之为"应答者"）问一系列的问题，这些问题的答案可以是偏向自由党派的观点，也可以是偏向保守党派的观点（比如"堕胎应该是合法还是非法的行为？"）。至关重要的一点是，所有的被试都被告知"应答者"们不会用自己的观点来回应任何问题。相反，"应答者"们只会按照"诱导者"告诉他们的话来回答，而这些话是实验人员已经提前确定好的。

"诱导者"手中有一张纸，上面的每个问题都对应两个答案，一个是自由党派的观点，一个是保守党派的观点。同时他们被告知"应答者"手中也有同样一份材料。之后"诱导者"需要问一个问题,然后按下一个按钮,提示"应答者"应该把两个答案中的哪一个读出来。

研究人员想观察的是,尽管"诱导者"知道是他们以一种特别的方式引导"应答者"给出问题的答案,"诱导者"是否还会把"应答者"给出的答案看成"应答者"自己的政治见解。为了验证这一点,研究人员让一半被试指示他们的"应答者"主要给出自由党派的答案,让另一半被试指示他们的"应答者"主要给出保守党派的答案。之后研究人员询问"诱导者",他们认为"应答者"真正的政治态度是什么[①]。

研究人员发现,引导"应答者"主要以自由党派的观点作答的被试其后会认为这些"应答者"实际所持的政治观点更接近自由党派,而引导"应答者"主要以保守党派的观点作答的被试其后会认为这些"应答者"实际所持的政治观点更接近于保守党派。尽管事实是应答人员给出什么样的答案完全掌握在"诱导者"的手中,但"诱导者"仍然会把给出这些答案的原因归结在对方身上。

---

① "诱导者"所不知的是,"应答者"实际上并不存在。实验室里本应坐着"应答者"的小亭子里,其实播放的是提前录制好的声音。但"诱导者"一直以为实验中有另一名被试在按照他们的要求读出问题的答案。——作者注

第七章
去看、去感觉、去体验你对他人的影响

当我们从自己的角度出发看这个世界时,我们只看到身边的人在做些什么,而不是自己到底做了什么才导致对方表现出某种行为。这项研究中的被试完全以他们听到的答案为准,而没有充分考虑他们是如何诱导别人给出这样的答案的。

紧接着我们可能自然会问,如果从不同的角度去想象这个场景,比如从旁观者的视角出发,"诱导者"是否更容易察觉到自己对他人的影响?吉尔伯特与琼斯在他们的实验中未能找到有力的依据,但在随后的几十年中,大量的研究结果浮出水面,表明这样的可能性或许确实存在。近期的研究发现,从第三人称视角来想象人与人之间的关系有可能帮我们跳出自身的限制,让我们从更广阔背景下看待一个事件的发展过程。这或许能够更好地帮我们认识自己的行为对他人的影响。

第三人称视角有时会被描述为"像墙上的苍蝇一样能够悄无声息冷眼旁观的人"或是"上帝视角"。这样的描述充分说明这是单纯从视觉层面来看问题。你并没有采纳任何人的观点,事实上你甚至无须把自己想象成一个人。它只是对当时那个场景的视觉呈现,方便你看到当时的自己和其他与你有交集的人。

许多研究表明从第三人称视角呈现一个场景能够改变我们对想象中或体验中的某件事的理解。[13] 当我们从第一人称视角思考一件事时，我们倾向于关注细节，即我们想象中或记忆中当时的行为与感受。然而当从第三人称视角考虑问题的时候，我们倾向于关注我们当时所做的事背后的抽象意义，即我们的行为发生在什么样的大背景下。

举例来说，如果我请你用第一人称视角来想象自己在大选之日投票的场景，你可能会想到开车去投票点、排队等候，或在选票上标注目标候选人的名字等诸如此类与投票有关的具体行动。但是如果我请你用第三人称视角来想象这件事，你可能更容易想到你对大选会产生什么影响、如何让别人听到你的意见，以及你应当如何履行自己的公民职责。[14]

换句话说，当你用第三人称视角来想象这件事时，你更有可能把自己的行为放到整个大背景下，由此来思考自己会如何影响周围的人与自己所处的制度。这样一来，由于你更容易认识到自己的投票可能产生的影响，以及你当时开车前来排队等候的意义，你会更有可能行使自己的投票权，发挥自己的影响力。确实，在心理学家丽莎·莉比（Lisa Libby）与同事们的一项研究中，大选前夜以第三人称视角想象自己去投票的被试比以第一人称视角想象自己去投票的被试更多地出现在了第二天的大选投票现场。[15]

同样的逻辑也适用于我们与他人互动时采用的视角。回想

第七章
去看、去感觉、去体验你对他人的影响

之前你脑中出现的与朋友或至爱发生激烈争执的画面。虽然我们大多数人会本能地从第一人称视角来回顾当时的场景，但实际上刻意训练我们以第三人称视角来看待这样的争执会给我们的关系带来巨大的好处。《非成即败的婚姻》（*The All-or-Nothing Marriage*）一书的作者，心理学家伊莱·芬克尔（Eli Finkel）与他的同事在两年的研究过程中发现，在对婚姻的干预过程中，如果指导夫妻双方在互动中，特别是在意见不统一时尽最大努力采用中立的第三人称视角①来看待对方，双方对婚姻的满意度比没有获此指导的夫妻对婚姻的满意度更高。[16]

研究人员称这样的干预有效地打破了人们在激烈的争吵中常常会出现的一连串消极反应。采用第三人称视角能够帮我们看到对方的指责或担忧所发生的背景，让我们愿意更好地听取对方深层的担忧是什么，而不是简单地恶语相向。我们得以从原本可能很伤感情的话语中听出更要紧的观点、语义中更细微的差别，因此会考虑自己应当作何反应以及自己的反应会带来什么后果。归结起来，这意味着我们不太可能简单地做出冲动反应，把愤怒的指责甩向对方，而是更可能去倾听对方想表达

---

① 从理论上来讲，被试得到的指示是要采用一个"对人人都好的中立的第三人称视角"。但是由于没有其他的干预条件，指示中"对人人都好"这部分的重要性其实并不明确。——作者注

顺 从

的本意是什么，考虑我们的反应有可能如何影响到对方以及我们双方的关系。[17, 18]

芬克尔与他的同事采用的干预方式非常简单。只是一系列需要人们花 7 分钟来完成的书面提示。人们每年只需要完成 3 次这样的干预，一共只需要 21 分钟。然而就是这样快捷、简单的措施在随机研究中极大地改善了人们的婚姻质量。

类似的干预还能促进哪些方面的改善呢？经常性地花几分钟时间从第三人称视角反思我们日常生活中发生的事情会不会帮助我们更广泛地意识到自己对他人的影响？如果我们从第三人称视角想象自己往返于日常通勤的路上，我们是否能够更加准确地估计出一天中有多少人关注过我们？我们是否能够更加精准地预估有多少人会响应我们的求助，或答应我们去做一些有违道义的事？我们会不会更仔细地思考如果把自己的行为（比如投票、扎堆聚集）放在更广泛的社会背景下（例如系统性的社会问题、致命病毒的四处蔓延）来看是否依然妥当？我们在社交媒体上发表言论时是否会更加谨慎？

长久以来，我们总会从自己的角度出发看问题，因此我们通常会把注意力放在自己是如何被别人影响的，比如我们发现路上总有人开车技术不精，邻桌的人讲话太过聒噪令人厌烦，门上到处都是其他人手上的细菌。但当我们自己开车强行并道、叽叽喳喳地聊天吵到邻桌时,或是四处传播的细菌可能来自我们自己的手上时,我们却很难意识到。芬克尔和他同事的干预方法给我们提供了一种充满希望的方式,让我们能够看到自己的行为与他人的行为之间的关联,以及我们自己对某种情势起到过什么样的作用。

突破自我意识的局限只是我们认识自己对他人的影响力的第一步。但从第三人称视角反思某个情形虽然更容易让我们看到自己的影响力,却未必能帮我们感受到它,也就是说未必能帮我们真正理解别人是如何受我们影响的。要做到这一点,还需要更进一步,那就是从第三人称视角转移到受我们影响之人的视角,进入他们的大脑,体会他们的感受。

## 感受你对他人的影响力:获取直接视角信息,而非借取他人视角

要想真正了解我们对他人的影响力,我们不能局限于看到自己的行为如何影响他人,还需要理解别人对这些行为的感受如何。退一步讲,从第三人称视角想象我们的行为(比如邀请下属外出约会)可能有助于我们认识到权力不对等在其中起到的作用。但是,除非我们能真正了解我们的下属在当时拒绝我

们有多么为难，否则恐怕就难以理解他们为此承受的压力之大。就算我们能意识到其中权力悬殊，并选择在某种程度上承认、对抗这种失衡，我们为此所做的尝试可能也与隔靴搔痒无异——比如说，我们以为只要在请求之前加上一句"你不必为难"，那些无意造成的压力就会神奇地消失。

当我们跳脱出自己的视角，我们还需要更进一步：进入对方的视角。我们必须想办法了解我们的出现、话语以及行为在他们的感受中是什么样子。可惜的是，实现这一点远比我们大多数人想象的更难。

人们普遍认为要想更好地理解别人的想法与感受，就要更努力地从对方的视角出发想问题，我们应尽最大努力换位思考。这种想法尤其得到戴尔·卡耐基的认同。在 1936 年那本大获成功的著作《人性的弱点》（*How to Win Friends and Influence People*）中，他劝告人们应该"尽力真诚地从他人的角度出发看待事物"。[19, 20]

的确，许多人认为这是一个非常有效的方法。在一项研究中，调研对象需要回答一个问题，即他们是否认为一个人在判断别人的感受与偏好时如果能够经人提示首先进行换位思考，这个人就会比未得到此类提示的人做出更准确的判断。大多数调研对象，也就是 68% 的人认为只要努力从别人的角度出发来考虑问题，就可以做出更好的判断。[21]

然而事实证明，仅仅是尝试着去理解对方并不能真正帮我们做到这一点。组织上述调研的心理学家塔尔·埃亚尔（Tal Eyal）、玛丽·斯特菲尔（Mary Steffel）与尼古拉斯·埃普利在一系列实验中，对单纯要求人们试着采用另一个人的视角是否能够有效地帮助人们更加准确地判断另一个人的想法与感受做了验证。纵观他们的 25 个实验，前后共涉及 2 600 多名被试，他们发现积极主动地去从对方的角度考虑问题并不能真正帮助人们更好地理解对方的感受、态度与偏好。

在这些研究中，研究人员请被试对别人做各种判断，比如他们的笑容是否真诚、他们感受到的是愤怒还是害怕、他们讲的是谎言还是真话、他们喜欢什么样的电影或笑话，以及一系列其他的如果进入对方的大脑就可以轻易判断出的问题。有的被试面对的猜测对象是陌生人，有的被试面对的是相识的人。有的被试凭借照片做出猜测，有的被试可以与另一方真实地互动。但这些细节无关紧要，因为整体来看，那些曾得到过明确指示需要把自己置身于对方的角度去主动考虑对方所思所感的被试在完成上述任务时，并没有比未得到过上述指示的被试表现得更好。

换句话说，仅凭站在对方的角度看问题很难让我们更加准确地了解对方眼中的世界。也就是说我们也不大可能仅凭换位思考就明确别人如何看待我们，以及我们在他们的生活中起过什么样的作用。

值得一提的是，尝试从别人的角度思考问题并非完全没有意义。这样做可以帮我们建立情感上的共鸣，[22] 促使我们与别人形成合作关系，[23] 甚至消除一些偏见。[24] 这些都是换位思考带来的主要好处。然而，如果我们的目标是要获得准确的理解，也就是去探明他人真正的想法是什么，特别是他们对我们的看法是什么，借取他人的视角起到的作用并不大。

这是为什么呢？因为当我们采用他人的视角，试着从他人的角度去构想一个世界时，我们其实从来都没能摆脱自己思想的束缚。我们脑中所浮现的"视角"完全是基于我们自己认为对方有可能存在的想法和感受而来。举例来说，如果我请你想象一下如果你前去赞美某个人时对方有何感受，你会从自己的认知出发去想象这种体验、推断别人可能会有什么样的感受。而且正如我们在本书前面的部分所述，你的这种感觉往往是错误的。尽管你尽力尝试从别人的角度看问题，但你所做的推断仍会锚定在自己的预设中，由此来想象对方是否会厌烦。

如果说借由别人的视角看问题对我们进入对方的思想、了解对方真实的想法和感受（特别是对方如何看待我们、对我们

第七章
去看、去感觉、去体验你对他人的影响

作何感想）并无帮助，那么什么才是有效的方式呢？虽然研究人员发现借取别人的视角无法让我们进一步了解别人的内心世界，但我们发现，主动获取第一人称视角可以帮我们做到这一点。正如研究人员所做的解释，借取别人的视角与主动获得第一人称视角之间的主要差别在于你是否得到了额外的信息。前者能让我们知道我们想象中别人的感受是什么，而非别人的真实感受是什么。而后者的实现则需要我们去收集关于别人真实想法与感受的额外信息。

获得第一人称视角的一个极其直接有效的方式说来很简单，那就是直接询问对方的想法和感受。尽管人们并不一定总会说出他们的真实想法，甚至连他们都不一定知道自己对某件事的真正感受是什么，但是与对方直接对话能够让你跳出自己脑中的回响。它能够让你不仅是基于自己的假设来解读对方的思想。我们在第五章中也看到，其实人们比我们想象中更愿意分享自己的个人信息。

为了证明这一方式的有效性，埃亚尔与她的共同执笔人在他们那25个实验的系列研究项目的最后增加了一个新的条件，并招募了一些情侣来参加实验。这些情侣需要猜一猜他们生命中最重要的另一半对于一系列观点会作何反应，认为对方会从1分（强烈不同意）到7分（强烈同意）之间打出几分。这些观点包括"我的品位与习惯在某种程度上有些过时""我很宅，喜欢待在家里"等等。需要注意的是，在猜测他们的另一半会如何作答之前，有的被试被告知需要从另一半的视角（借取对方视角的情况）来想象对方会如何看待这些表述，有的被试被告知可以直接询问对方对这些表述的想法（直接获取第一人称视角的情况）。之后，两种情况下的被试会给出他们认为自己的另一半会在1分到7分之间给每一个问题打出的分数。

结果并不令人意外，直接向对方询问观点的被试在猜测对方打出的分数时，准确率高于单凭想象认为对方会如何打分的被试。但让人意想不到的是，那些试图采用对方的角度看问题，但实际上并未与对方就问题的答案进行交流的被试虽然最后给出的猜测相比而言算不上准确，但他们对于自己猜测对方评分的自信程度却完全不亚于直接就每一个问题与自己的另一半进行沟通的人。

这意味着，虽然上述发现从理论上来讲似乎显而易见，但在实践中却并不明显。如果别人已经告诉我们他们在想些什么，毫无疑问我们会更准确地判断对方的想法。然而我们却没能意识到这一策略的优势。我们认为要想了解一个人的想法与感受，从我们自己的脑中寻找答案与实事求是地从这个人脑中探究答案，效果并没有什么不同。

第七章
去看、去感觉、去体验你对他人的影响

进入别人的思想并非易事，而我们又难以认识到仅凭换位思考不足以做到这一点，因此基于这两点主要原因，我们会低估自己对他人的影响力。我们对别人在我们的劝诫与请求面前会有什么样的反应所持的预期是基于我们自己对对方的动机与感受所做的假设，虽然这种假设通常并不准确，但我们自己却对此深信不疑。尽管我们可能会强烈地预感别人会对我们提出的请求说"不"，或是被我们的赞美所打扰，但如此前所见，对于别人在这两种情况下做出的反应，我们的预期往往是错误的。

要想真正了解我们的影响力会带来什么后果，我们不能局限于猜测，而必须要主动获取其他额外信息。正如埃亚尔与她的共同执笔人所述："人与人之间的理解最容易从有效的提问与倾听中获得，就像一名娴熟的记者或问卷调查人所做的那样，这比试图从习惯性的揣测中获得答案有效多了。"[25]

有时候，我们可能会觉得询问与倾听的过程没有必要。我们可能深觉自己早已洞悉别人的想法与感受，特别是自己本身就亲历过类似的情景时。我们可能会相信那些共同的经历为我们触及对方的心思打开了一扇门，帮我们走进了对方的内心世界。

的确，共同的经历有时候确实会让我们对事物产生一些独特的理解。比如在第五章中我们曾提到了一厢情愿的浪漫攻势，在这个课题的研究中，我和劳伦·德文森特发现，那些从前拒绝过同事追求的人更容易理解拒绝一个同事的示爱有多么尴尬。[26] 换句话说，他们能够从自己的经历中了解当时自己的处境，因此更容易理解那个被自己追求的人会有什么样的内心活动与感受，由此也更容易知道自己的行为会给对方带来什么影响。

不过虽然从自身经历出发有时不失为一种了解对方想法的有效途径，但研究人员还给出了一些重要提示，说明这种情况并不绝对。事实上，由于人们对同样的事物感受不同，所以从自己的体验出发来推断别人的感受有时候会适得其反。

举例来说，谈及这种一厢情愿的追求时，我发现人们给出的反馈常常与前文所述的情形一致：有些人（主要是女性）在不得不面对需要拒绝上司或同事搭讪的处境时，会认为我的结论真实可信，并希望针对工作场所的改革能够继续下去，比如禁止上下级之间出现恋爱关系。然而，我还会经常听到另一种情况：有人被老板或同事搭讪之后，关系进一步发展并与对方结婚生子，自此幸福地生活在一起。这些人更容易为这样的禁令感到惋惜，因为他们认为这意味着职场恋情的终结。这两种人所经历的事情本身非常相似，但他们对此的感受却天差地别。因此他们对于别人在面对上司的搭讪时会有何想法与感受，

第七章
去看、去感觉、去体验你对他人的影响

可能会持非常不同的观点。

这些趣闻逸事作为例证,表明同样的经历有时会帮我们更好地理解他人的想法与感受,有时却会起到相反的作用。这一结论与雷切尔·拉坦(Rachel Ruttan)、玛丽亨特·麦克唐奈(Mary-Hunter McDonnell)以及罗兰·诺格伦(Loran Nordgren)的研究结果一致。在他们的研究情景中,与别人拥有类似经历的人反而更难以理解别人的内心活动。[27]

在一项实验中,他们让被试读了一个关于一名高中生在食堂遭人霸凌的故事。对于这名学生的反应有两种描述:一种是说他默默地忍受了这段令人受伤的经历,另一种是说他忍无可忍,疯狂地向施霸的人与附近的其他学生发起反击。被试读完其中一份描述之后,需要就他们对这名学生的同情程度以及他们是否喜欢这名学生、对他有无正面的看法进行打分。

研究人员还了解了被试是否曾有过被人霸凌的经历,以便他们能够评估拥有同样被人欺负的经历会不会让这些被试更加同情那名学生。结果显示,在高中阶段忍受过欺凌的被试与未曾经历过此事的被试相比,对故事中受欺负的学生表现出更大的同情,对这名学生的评价更高。但这个结果只适用于描述中那名学生"忍受"了霸凌的情况。如果他们读到的是这名学生进行了反抗,会出现相反的结果,即之前忍受过欺凌的被试与没有类似经历的被试相比，对这名学生表现出的同情更少，对他的评价也更为负面。

个人经历确实有助于我们更好地理解别人的想法，但前提是对方在此经历中的反应与你相同。我们倾向于假设别人对某件事的反应会与我们曾经的反应一样，或是与我们可能会做出的反应一致，但这种假设往往是错误的。[28] 至此，我们可以再来思考直接询问对方这种方式的价值所在。试图通过自己以前的经历去理解别人的感受从很多层面来看无异于直接从自己的大脑中搜寻对方的想法。你其实是在无法了解对方真实想法与感受的情况下，依然认定自己能够洞悉这一切。问题在于，正因为你有过类似的亲身经历，你反而会对自己在脑中精心幻化出的错误情景更加深信不疑。要想知道你的想法是否正确，唯一的办法就是跳出自己的大脑从外界寻找更多的信息。直接去问就对了。

这对于我们了解自己之于他人的影响力意味着什么呢？它意味着如果我们想真正理解我们对他人的影响，我们必须倾听他人的声音。我们需要去听他们的故事，而不是从我们自己的故事中臆断他人的想法，或是在想象中为他们再造一个故事。理想状态下，我们可以通过直接与受我们影响的人或我们希望去影响的人对话来了解他们，但这样的对话不可能每次都能实

第七章
去看、去感觉、去体验你对他人的影响

现。阿兹·安萨里的那段经历可能在很多人身上发生过，你一觉醒来，收到一条详详细细描述你如何给对方造成影响的信息，只是你对此毫无知觉。可其实还有很多这样的事情没有被人说出来，悄无声息地过去了。除此之外，如果我们等着别人讲出来、主动说出我们是如何影响他人的，我们就把这样的负担放在了别人的身上，而我们都知道，这既不现实，也不公平。考虑到上述因素，我们需要寻找别的方式去倾听他人的亲身经历。我们需要去阅读"我也是"运动中所有震撼人心的故事，阅读那些发生在黑人、原住民以及其他有色人种身上的令人不忍卒读的种族歧视故事，还有在新冠肺炎疫情防控的一线奋力与病毒作战的医护工作者留下的那些催人泪下的事迹。我们必须要听到这些故事，即使它们能够甚至已经让我们感到悲伤与愤懑、心情沉重，我们也要这么做，否则我们永远也无法深刻地体会自己的一言一行究竟会给别人造成什么样的困扰。用心倾听，才是获得对方视角的不二法门。

## 体验你对他人的影响力：拒绝疗法

在贾森·康利的妻子弃他而去，跟一个"身材更高大""更有钱"的人走了的时候，他还是一名搞技术的自由职业者。[29]

顺 从

在被妻子抛弃后的几个月里,他不再出门,也不与任何人交流。离群索居、意志消沉的他终于有一天崩溃大哭了一场。如今回头来看,这一天成为他人生中的一个转折点。在那一刻,他认识到再次遭人拒绝的恐惧成为他融入社会的桎梏,他决定要做些什么来打破它。

那段时间,康利一直在读一些关于俄罗斯特种部队的内容,这支部队以高强度的训练而闻名。康利认为,要想管理好自己对被人拒绝的恐惧,就需要采取一种类似于军事化的训练手段。于是他给自己定了一条规则,要求自己每天找机会被人拒绝,直至他对被拒绝的恐惧消失得一干二净。一开始,他试得很小心,比如,请求陌生人给他一块薄荷糖。但我想至此大家应该已经不难预料,他很快便发现他需要给自己加码才有可能完成每天被别人拒绝的目标。因此他开始向人提一些越来越离谱的请求,比如请求陌生人给他一些赞美、随便找一个人跟他赛跑,或是请一名女服务员与他跳支舞。

这个"治疗"过程实际上非常接近一种对抗恐惧症的真正疗法,也就是人们所知的暴露疗法。[30]在这个过程中,康利逐渐意识到自己已经做到对拒绝免疫。他比从前更加快乐、更加自信。想到自己的这套办法有可能惠及他人,他便整理了自己在这段"疗愈"过程中所积累的许多遭拒的情景,并把它们打印

第七章
去看、去感觉、去体验你对他人的影响

到一副卡牌上。他把这种"拒绝疗法"做成了一个卡牌游戏。

这套游戏迅速获得了成功,原因是一位满怀激情的创业者在网上搜寻克服被人拒绝的恐惧有何良策之时,偶然碰到了这套游戏。这个人叫蒋甲。蒋甲在博客上以"拒绝疗法的100天"为题记录了自己做这套游戏的全过程,并将全部被拒的经历用视频记录了下来。在他的博客上,你能看到他被人拒绝的各种情景,比如询问开市客(Costco)的一名经理是否可以让他用开市客的内部对讲机讲话,询问联邦快递员是否可以把一个包裹寄给圣诞老人,以及请求宠物店的一名宠物美容师帮他理发。

虽然有人是抱着幸灾乐祸的心态来看蒋甲的博客的,想从别人被拒绝的情景中找些乐子,但这个博客走红的部分原因却无疑是他的这些际遇实际上非常暖心。当人们拒绝他的时候,他们是谦和有礼的,甚至场面非常欢乐。开市客的经理真诚地向蒋甲解释为什么没办法同意让他使用公司的内部对讲机,并且在此之后告诉蒋甲可以随意在店内的餐馆点餐,公司来买单。[31] 联邦快递员为了帮他解决圣诞老人的包裹问题,诚心诚意地为他想了很多办法。[32] 宠物店的那名宠物美容师在视频中虽然一脸困惑的样子,但是看得出她真心犯了难,因为她想帮这个陌生人一把,但给人修剪"毛发"却会违反店里的规定。[33]

且不提还有那么多人对他的请求给予了肯定的回应：一名警官同意他坐到警车的驾驶位上；[34]别人答应他的请求赞美他时，夸他玉树临风、相貌堂堂，衬得上这一头帅发；[35]还有一名甜甜圈店的员工费了九牛二虎之力满足了他的要求，帮他把5个甜甜圈连接在一起，组成奥运五环的样子。[36]

翻阅他的整个博客之后，我们看得出蒋甲也发现了我在实验室研究中从那么多被试身上得出的结论：人们比想象中更愿意答应我们的请求，就连那些又离谱又耽误工夫的请求也不例外。多年后在一次TEDx演讲中，蒋甲谈到他那个奥运五环甜甜圈的请求时依然觉得不可思议："人们怎么可能答应这样的请求呢，对吧？"那名店员为了做成这件事所下的功夫深深地打动了他，对此他说道："我简直无法相信。"不仅如此，蒋甲接着说："那段视频在YouTube（油管）上获得了500万的点击量，全世界都被惊呆了。"[37]

蒋甲成了拒绝疗法的信徒。他甚至获得了"拒绝疗法"这个名字的商标权，开始发布一个主题为"跟着蒋甲走进拒绝疗法"（Rejection Therapy with Jia Jiang）的博客，并开展了拒绝疗法的讨论会，还根据自己的亲身经历写了一本书，叫作《被拒绝的勇气》（Rejection Proof）。在这个过程中，蒋甲无疑更加充分地认识到了自己的影响力。在他的 TEDx 演讲中，他称自己意识到他"可以仅凭张嘴求助就实现人生的梦想"，而且他认为每个人都应该这样试一试。

他说的对吗？了解自身影响力的关键真的只是在于我们能否主动去验证它，看结果如何吗？我必须承认，拒绝疗法这种理念对我来讲极具吸引力。从康利、蒋甲以及许多其他人的经历来看，这个学习曲线的走势非常陡峭，而且这些经历给人的启迪几乎对人有再造之功。这与我在自己的实验项目中观察到的结果相符。事实上，我最早是在我的一项实验中从一名被试那里了解到拒绝疗法的。在当时的实验中，我要求被试请一些陌生人帮忙破坏图书馆书籍。实验结束时，一名被试联系我，想约见我聊一聊这项实验。我当时颇有些忐忑，以为他要质问我请人破坏图书馆藏书这种事的道德问题，结果他却问我这项研究是不是与一种拒绝疗法有关。对此我予以否认，并承认自己从未听说过这种疗法。

虽然我未曾听说过拒绝疗法，但那绝不是我第一次，也不是最后一次听到有人说起参与我的某些实验项目基本等同于参与了一种能够改变人们如何看待与感受自身影响力的干预训练。这种说法不无道理。当时人们按照我的要求去提各种各样的请求时，都预判这样的任务糟透了。然后他们走出去，得到

顺　从

的同意远超预期，于是会在某个时刻发出"原来不过如此"的感慨。因此，很难不得出这样的结论，即了解自己对于他人的影响力最好的方式就是把自己豁出去、试着亲身去验证。但是我却担心这样的方式有以偏概全之嫌。

其一，我想知道，人们通过这种方式是否能够普遍获得同样的启示？这个结论是否适用于每一个人？贾森·康利、蒋甲，以及我的研究中向我提及拒绝疗法的被试，他们都是白人或亚裔，而且都是男性。他们的体验是否放之四海而皆准呢？对于那些实质上经历着全社会系统性排斥的人群来说，比如许多有色人种，这种贸然去验证影响力的做法是否还能让他们得出同样的结论？还有一些人，比如美国黑人，长久以来，他们一旦动用自己的力量或影响力，就会使自己成为别人惧怕的对象，并因此遭到惩罚，这些人又当作何感想呢？不幸的是，由于许多实验心理学家出于采样便捷性的原因会选择大学生参与自己的实验，而这些样本往往一边倒地都是白人，因此我们的上述问题恐怕还没有确切的答案。我们还没有数据能够说明种族这种因素是否会令这类实验的结果发生系统性改变。实际上，我在这本书中所描述过的许多实验结果都存在这个问题。过度依赖白人实验对象是许多心理学研究中由来已久的主要缺陷。[38]

其二，性别是否会影响一个人对拒绝疗法的体验？由于担心别人看低自己或不喜欢自己,女性在求助这件事上往往不会很积极。这种现象在琳达·巴布科克(Linda Babcock)与萨拉·拉斯谢弗(Sara Laschever)所著的那本大放异彩的书《谈判力》(*Women Don't Ask*)中有详细的描写。[39] 面对这种需要硬着头皮去请求别人的实验,女性会不会有不同的感受,或是产生不一样的看法?

不久前,有一个契机让我得以开始思考这个问题。我应邀参加了一档BBC的节目,叫作《我的名字是……》。这档节目每集都会讲述一个不同的故事,围绕"当今英国那些有故事要讲、有答案要去追寻的人"展开。我参加的那一集叫作《海莉:寻求拒绝》,讲的是关于"一个想要学会在拒绝面前能够泰然处之、向人提出请求时不再害怕别人说不的年轻姑娘"的故事。[40] 节目中有一部分展现的是海莉一整天都在践行拒绝疗法的过程。

为了寻求拒绝,她做出的首次尝试与蒋甲第一次的尝试很相似:在一个食品市场向一个摊贩要一只梨,"打扰您了老板,请问可以送我一只梨吗?""好啊。"摊主想都没想就答应了。就在海莉答复摊主"您人真好,谢谢您"的时候,我们听到了背景中她的制作人米拉喜出望外的笑声,语无伦次地在说:"我的天啊,他说了!他竟然说可以!"接下来,还是在同一个市场中，她试图向另外两名店家索要一种防风草味的草本体香剂，这两个请求进展不算顺利，于是海莉获得了第一个"不"的答复。只是那名草药师不停地在道歉，一直在说："我希望我能……"，以及"如果这是我自己的店……"。

在另一个请求中，海莉想乘别人的船游览一圈，但是船主以自己的船不够干净、不太方便接待宾客为由，拒绝了这个请求。但之后谈及这个失败的请求时，海莉与她的制作人都认为"说出'不'对她（船主）来讲并不容易"。蒋甲在寻求拒绝的过程中也有过类似的感觉，他说在他请求别人夸赞他时，"让别人拒绝他比答应他讲几句好听的话要难"。[41] 但有趣的是，此处也正是海莉与蒋甲的体验开始背道而驰的地方，耐人寻味。

两人都察觉出人们说"不"并不是件容易的事，然而蒋甲会笃定地号召大家"我们都应该试着这么做"。毕竟他从这样的经历中得出的结论是要想达成我们所有的目标，只需要张嘴提出请求即可。

可是海莉对此的反应却大不相同。当她发现船东其实很不好意思说"不"的时候，她马上告诫自己"你应该读得出其中的难处，不要强人所难"。后来在一期播客中，海莉与一个朋友谈起了这段经历，只是谈论的焦点变成了给予别人拒绝你的空间、不让别人为难有多重要。她的朋友若有所思地说道：

"无论从字面意思还是引申意义来说,永远不要挡在一个女人和那道门之间。"蒋甲忆及人们对他的请求犹疑不决的情形时,他会琢磨自己当初应该怎么做才有可能得到对方的同意,而海莉却把这样的时刻视为帮助对方坦然说出拒绝之辞的机会。

这两种想法有天壤之别。两个人在这段经历中都慢慢感受到了自己的影响力所具有的能量,但其中一个人把这种发现当成了充分利用这种能量的通行证,另一个人却把它视为做事应当适可而止、留人以余地的理由——也就是说,不可过分动用自己的影响力。我们知道,这两种结论都是对的。在理想环境下,一个人应该同时能洞见这两种想法。然而在实际中,至少从上述两段趣事中来看,人们从同样的经历中获得的启示总会偏向其中某一种,而且似乎会因性别而有差异。

我不想对这两个个例做过多解读。的确也有女性对拒绝疗法的体验与蒋甲相似。在《时尚芭莎》(*Harper's Bazaar*)的一篇文章中,一位女作者提及她自己的拒绝疗法经历时,(在极有凯莉·布雷萧[①]风范的一句话中)称这个过程让她意识到"一旦你不再寻找借口,勇敢地去做那些让你为之恐惧的

---

[①] 凯莉·布雷萧(Carrie Bradshaw)是美国 HBO 电视系列剧《欲望都市》中的一名虚构角色,凯莉是纽约市的一位报纸专栏作家,也不定时为《时尚》杂志撰写专栏。——译者注

顺 从

事，你的人生会就此发生改变。"[42] 我在自己组织开展的那些类似于拒绝疗法的实验中也没有明确发现性别差异。无论男女，在我的实验中向陌生人求助的被试大多数都会低估这些请求获得同意的可能性，而且低估的程度在男女间并无差别。[43]

但是，蒋甲和海莉在尝试拒绝疗法的过程中表现出的观念差异却与我在研究人们面对自己不喜欢的人发起的浪漫攻势时所发现的性别间差异有异曲同工之处。男性与女性对此事往往有不同的感受。前文中我们讲到过，在这些研究中，女性对自己在追求意中人时给对方带来的压力有更清醒的认识，因为她们曾常常面临相似的处境。此前被自己不喜欢的人追求过的经历更容易帮她们理解当自己的爱慕得不到对方的回应时，对方会有什么样的感受与想法。

总而言之，我无法确定同样的拒绝疗法体验是否惯常会在不同的性别与种族之间出现不一样的结果。但对我而言，这意味着我们不应推定此类干预疗法会对所有人产生同样的效果。这样的经历会让人产生什么样的想法远比我们从几个信奉拒绝疗法的人给出的描述中得出的结论复杂。而且，过分依赖自己的体验，并把它作为了解自己对他人影响的主要方式所导致的问题还不止于此。

你可能在阅读本书的过程中曾问自己，如果人们这么愿意答应我们的请求，为什么我们从前会不知道呢？人之一生，没有人能完全做到对别人无所求。我们大多数人总会在某些时候问过路、寻求过指导、借过笔，或请人帮忙拉开过门。而且在这些情形下别人几乎都不会拒绝我们。为什么我们没有从这些经历中得出类似于康利与蒋甲的结论，在向人求助时少一些焦虑？

问题的症结在于我们对这些经历的记忆往往并不准确，也不够客观。与生活中诸多事情一样，负面影响总比正面影响显得更为突出。相比事物积极的一面，事物消极的一面更引人注目，给人们留下的印象也更加持久。这种现象就是我们所说的"消极偏见"（negativity bias）。[44] 按照这个理论，我们倾向于忘记人们曾答应过我们的那些平凡的请求，但是每一次微不足道的拒绝总会给我们留下漫长的伤痛。

海莉便是深受其苦之人。她和制作人在那次类似拒绝疗法的体验过程中来到附近的一间酒吧，点了一瓶吉尼斯黑啤稍作休息。其间海莉的制作人问她对麻烦别人是否少了一些恐惧时，海莉答道她更难以对人类感到乐观了。"但是，"制作人很快打断她并提醒道，"你的确还得到了很多人的同意。想想这些同意帮你的人，你得到了一只免费的梨，一些薯条……"海莉勉强认可了这一点，不过又说道："我想可能这正是我的问题，我总是很容易关注事情消极的一面。"

可是这个问题并不是只发生在海莉身上。"坏比好威力大"，这是社会心理学中最为确凿的结论之一。[45] 这似乎是一个人人都有的共性问题，也是我们会低估自己对他人影响力的重要原因之一。我们可能会在脑中一遍遍重播那些我们试图去影响他人但最终归于失败的场景，尽管我们曾经多次获得成功，但是我们很快就忘记了。

像拒绝疗法这样的实验干预所存在的另一个问题是，一个人对于他人的影响力体现在许多层面，任何一项这样的实验都不可能做到全方位覆盖，对此做出全面的诠释。然而研究表明，从一个复杂的现象中获得一点点真相就有可能让我们自以为了解了事情的全部。举个例子，在心理学家阿丽尔·西尔弗曼（Arielle Silverman）、贾森·格温（Jason Gwinn）与利夫·范博文（Leaf Van Boven）的一项实验中，被试需要蒙着眼睛完成一系列任务，由此来体验盲人的生活是什么样的。参加过此次简短模拟的人对盲人表现出了更大的同情，这也是此类实验干预通常要达成的目标。但与此同时，与那些只是按要求想象过盲人生活状态的被试相比，他们对盲人的能力做出了更低的判断。[46] 尽管模拟盲人生活的被试只是简短地体验了一小会儿目不能视的生活，他们就会把这样的体验理解为盲人生活的全部，而实际中一个人从最初失明到逐渐适应它再到能够以一个盲人的身份正常生活的漫长过程并不在他们的理解范围内，也因此人们对盲人的能力会有更为消极的看法[①]。

正如蒙上眼睛无法让我们了解作为一个盲人的复杂体验，想通过走出去提一些奇怪的请求就对我们应如何理解自己对他人的影响力盖棺定论也不太现实。多提些请求可能确实会帮我们意识到求助的力量，但是它无法让我们全面了解一生中我们还能通过哪些错综复杂的方式影响别人，特别是那些无须通过提出请求就可以对人产生影响的事，比如当我们做了一些有示范效应的事，或是谆谆教诲别人时，抑或仅仅是与他人出现在同一空间中时。

最后，如我们所见，在某些情况下，比如追求别人或提出不当要求时，我们最好能够找到一种无须亲自去经历就能够认识到自身影响力的方式。在这些场合中，我们不仅不希望人们只是为了检验自己的影响力就走出去随意向人提出各种请求，而且我们也不清楚这么做究竟能让人们了解到什么。我们知道，面对你的求助时，别人很可能会微笑着答应你，但与此同时若不是因为说一声"不"太令人尴尬、太为难，他们的内心

---

[①] 显然像《马古先生》这样的动画片中对人物形象的描绘不会让人们的消极印象有什么改观。——作者著

顺　从

会多么希望自己可以拒绝这样的请求。于是这次互动结束之后，你对此情此景的解读或许完全不同于对方的感受。

以我的一个研究为例。参加过图书馆藏书破坏实验的被试有时候会告诉我当他们发现人们有多不道德时自己有多震惊。一种普遍的情绪是"我无法相信竟然有这么多人愿意干这种事！"。当然，我们知道多数被被试请求的人并不是真的情愿这么做，他们只是不知道该如何说出拒绝的话。然而这却是提出请求之人所不知的。当这些被试发现人们比想象中更愿意做不道德的事时，他们觉得自己洞见了人性中的某些真相。可实际上，他们却遗漏了一个最重要的因素——对人说"不"要比想象中难，因此他们操纵别人道德行为的力量也比自己想象中大。

为了稳妥，我们没有让被试带着这样的想法离开我们的实验。在每个实验结束时，我们会向所有被试做一个事后说明，让每个人都能详细了解研究的主要意图。不过，这个例子再次证明，仅凭经历某件事就想了解我们对他人的影响力具有局限性。

虽然做了如此多的警示说明，但我并不是要完全否定亲历某件事的作用。（毕竟连我自己也把它作为研究人们对他人影响力的三大主要方法之一。）在某些情况下，比如对于那些觉得拒绝疗法确实让人发生了彻底改变的人来说,亲身体验是一个可以帮人了解自身影响力的强有力的方式。但是我们往往会把从个人体验中获得的领悟视为某个事物的终极答案,只是,如我们所见,体验本身自有缺陷。我们对自身经历的记忆可能是失真的,理解也不免有所偏颇,这意味着我们从自身经历中获得的感悟并不能完全代表事物的真相。

不仅如此,简单、直接的体验式任务(比如"出去向人提些请求""今天出去赞美几个人!")确实能够让我们对某些简单、直接的影响力有所了解,但它与学会聪明地运用自己的影响力却是两回事,比如向人求助之时当知进退,一知半解之事莫多置喙。当人的体验不涉及主动行为时,要想从体验中获得自己对他人影响力的认知就更难了。一个人的影响力本身是错综复杂的,这就是为什么当我们想要了解它的时候,不仅需要去体验它,还需要如本章前面所说的那样,去看到它、感受它。

说一千,道一万,我想说的是,我认为你今天应该走出去,向别人提一些请求,或是给别人一些赞美。但除此之外,我认为你还需要跳出自己的思维,去主动获取别人视角下的信息,并且对自己的体验进行反思。

就算是蒋甲也并不只是通过体验才发现向人求助所蕴含的"超级力量"的。在 TEDx 演讲中,他描述了自己在执行拒绝疗法的过程中所提出的第一个请求。他需要找一个人，向对方借100美元。于是他下楼来到了办公楼大堂，走到坐在桌后的一名保安面前问道："先生您好，请问您可以借给我100美元吗？"他最初得到的答复是"不行"。蒋甲觉得自己又丢人又尴尬，几乎没听到保安紧接着问他"为什么？"。在那个羞愧难当、手足无措的时刻，他没有回答保安后面的问题，而是说道："不行啊？真不好意思。"然后慌忙跑掉了。

蒋甲的首次尝试可以说糟透了，也是一次羞愧难当的体验。但是他并没有仅凭这次经历就对这个事件下结论。他还把自己与保安互动的整个过程录了下来。当天晚上回看录像时，他说："我看着自己被拒绝的样子时，只看到当时的自己有多么惊慌。"但当他接着往下看时，他的注意力转移到了那名保安和他们之间交流的过程上。"然后，我看到了这名保安。老实说，他其实并没有多吓人……而且他甚至还问了我'为什么？'，也就是说他实际上给了我说出理由的机会。我当时本可以多说些什么的。我可以解释，可以讨价还价。但我什么都没做，就那么跑了。"[47]

在当时的情景下，蒋甲从自己的视角望出去，这段被拒绝的经历在他看来既令人羞愧，又令人恐惧，而拒绝他的那个人看起来也气势汹汹的样子。然而，当他退后一步，采用第三人

第七章
去看、去感觉、去体验你对他人的影响

称视角,就好像一只趴在墙上的苍蝇一样能够冷眼旁观自己与对方之间发生的一切时,一种不同于自己眼中的动态关系变得清晰起来。他看到了对方有倾听的意愿。他在保安随即问出的那句"为什么"中听出了影响力奏效的机会,也因此看清自己所具备的影响力,只是他当时对此惘然不知。

蒋甲的拒绝疗法之旅无疑是一个强有力的例证,它向我们展示了体验式的干预措施对人产生的醍醐灌顶之效。但如我们所知,它也提醒了我们过度依赖于体验会产生多大的误导作用。无论承认与否,我们影响他人的方式素来错综复杂且不易察觉,仅凭体验本身难以让我们对此有全面的领悟。为此,去看、去感受、去体验,这是了解我们自身影响力的必经之路。

## 结语

万圣节是我最喜欢节日。我都等不及让自己的孩子快快长大，好让我能带他们去参加"不给糖就捣蛋"的传统活动了。但我丈夫却在他五年级的一个万圣节之夜做了一个重大决定，发誓再也不参加"不给糖就捣蛋"的活动了。当年他比同龄的孩子高，穿着他父亲的长款风衣，戴着一个骇人的面具，边敲一个邻居家的门边叫道："不给糖就捣蛋！"这个邻居没有认出他来，嘟囔着抱怨了些什么，大意是说"我只给小孩子糖果"。那天晚上，我丈夫垂头丧气地径直回家了。直至今日，每年10月他都会讲起自己的那件伤心事，并以此来解释为什么他有权成为那个待在家里给小朋友发糖的人。

我们都有这样的记忆，别人说过的话、做过的事在我们脑中留下久远的回响，在漫漫人生中影响着我们的思想与行为。邻居那句微不足道的话每年都在万圣节回到我丈夫脑中萦绕不散。我职业生涯中某些重要的抉择、世界观中一些关键的部分，甚至我喝咖啡用什么样的方式或多或少都与我同事或是某些不期而遇的陌生人随口说出的话有关。每当回想起多年前一位德高望重的同行前辈对我的研究表示赞许的场景时，我都能从中获得信心与力量；我也深刻地记得自己早期的一篇论文遭到别人恶狠狠的抨击时，自己内心的感受有多糟糕。

在这本书中，我想重点强调的是我们的一言一行都有可能最终成为别人脑中挥之不去的记忆，而且要做到这一点远比我们想象的容易。

纵观全书，我们了解到自己对影响力的作用机制有许多误解。我们以为获得影响力所需做的事情，与实际在日常生活中赋予了我们影响力的事情并不相同。我们看到，仅仅是出现在别人的视野中，我们能给对方带来的影响就远超想象。我们无须过分担心自己的表达是否完美，而且只要我们能鼓起勇气直接问出来，就会发现别人比我们想象中更愿意出手相助。与此同时，我们也了解到人们为自己的言行举止负责任有多么重要，特别是当人身居优势地位时，因为我们说什么，做什么，一定在我们所不知的地方有人在看、在听、在思考、在效仿。

顺　从

我希望我在本书中分享的这些方法能够帮你对生命中出现的上述事件有更好的理解。但是我觉得有必要再次强调的一点是，这些方法中没有任何一种是万能解药。当有人注意到你时、几周后想起你说的话时，或是受你的启发改变了自己的行为时，你不可能每次都知道。你可能还是会低估自己的观点有多深入人心，也还有可能在向别人求助时忽略了自己给别人造成的难堪。但是现在，你应该更加清楚，你从前没有意识到的许多事情其实在不断地发生。你所拥有的影响力超过了你自己的想象，无论在你试图主动向别人施加影响力时，还是当你无意为之时。这些未被察觉的影响力都天然地伴随着种种责任而来。

就像我在本书开头所述，大多数关于影响力与说服力的书都有一个主要目的：让你能够更加自信、更加高效地施加自己的影响力。在某种程度上，这也是我的目标。我希望你已经可以相信影响力的掌握在很多情况下比我们想象中容易许多，也稀松平常许多。虽然你试着去影响别人但最终未能奏效的那些时刻可能依然历历在目，但一定有更多的时候你不费吹灰之力就影响到了别人，连你自己都没想到。我希望有了这些了解，你会更加自信、更加高效地去施加自己的影响力。我希望这样的自信能够帮你大胆地为自己的所需、为自己坚信的事情发声，也希望你相信其他人能够听得到你、给予你回应。

但我写本书的目的还不止于此。我希望能够帮你对自己所拥有的影响力有一种更微妙的理解，即一种更加准确的认知，它应该不仅能让你在施加自己的影响力时更有底气，也应该能让你在决定不去动用这种力量时更加笃定。或许你需要向别人提出更多的请求，也或许你需要做的恰恰相反。我希望通过跳出自己的思维、获取第一手视角信息、反思自己的经历，你能够学会如何明智地运用自己未曾察觉的影响力。如果我们要说的话、要做的事有可能在别人脑中产生回响，就像别人曾在我们脑中留下过痕迹一样，我们当尽力不负每一言、每一行的使命。

顺　从

## 致谢

本着此书的精神,我想向许多人表达感谢。他们的友谊、智慧、才趣对我产生了多方面的影响与启发,而这一点恐怕他们自己从不知道。

首先,我要把一生都说不尽的感谢送给我的丈夫、我生命中的伴侣、我最好的朋友——斯蒂芬·丹吉洛。正是有了他的支持,我才有可能在疫情下两个年幼的孩子都在家的情况下完成这本书的写作,这种情况是我开始着手筹备这本书时完全没有料到的。

我还要感谢我的编辑杜琼(Quynh Do)女士,感谢她恰到好处的修改,也感谢她同意我写一本算不上常规的关于影响力的书。还要感谢我的代理贾尔斯·安德森先生,感谢他给予我的支持与指导，帮我找到了一个完美的出版商，也感谢他愿意宽纵我，让我在文中提到与"巴菲"相关的内容。感谢两位的耐心与见解。我还要谢谢凯特·亚当斯给我提了许多不可或缺的建议，并在本书早期阶段帮我进行编辑，也要感谢梅拉妮·托特罗里的全程陪伴，与我携手冲过终点线。

还有我亲爱的朋友与同事，感谢他们读过我的多版书稿。我所知的两位最好的写手——克里斯汀·阿佩尔特与丹·纽瓦克，从头到尾认认真真读完了全书。感谢丹纠正了我的斜体字，并教给我如何正确地使用"peruse[①]"这个矛盾歧义词。感谢克里斯汀自始至终表现出的出神入化的文字造诣。感谢劳拉·朱尔吉通读全书，并在每一页都提出新的研究思路。感谢雷切尔·亚历克斯、鲍勃·弗兰克与埃米莉·齐特克对本书的许多章节提出了宝贵的反馈意见，也感谢我丈夫奋力读完了全书的三分之二。

感谢在我的职业生涯中塑造了我的思想的人，他们为我树立了一个榜样，让我知道如何在成为一名优秀的科研工作者的同时，还能成为一个有温度、有情趣、丰富立体的人。感谢我无人可及的合作伙伴、思想导师与人生挚友——弗兰克·弗林

---

[①] "peruse"这个词在英语中可能表达两种完全相反的意思，一种指非常仔细地阅读，一种指粗略地浏览。——译者注

顺　从

先生，没有他这本书便不可能存在。还有我的博士生导师托里·希金斯，希金斯实验室、ExPO实验室，以及过去许多年来我所有优秀的同事、合作伙伴与导师，感谢你们！

感谢诸多的科研人员，他们的研究成果给了我许多启迪，也最终成为我研究成果的落脚点，他们是埃丽卡·布思比、罗伯特·西奥迪尼、戴维·邓宁、尼古拉斯·埃普利、欧文·戈夫曼、汤姆·季洛维奇、亚当·格兰特、玛丽安娜·拉弗朗斯、斯坦利·米尔格拉姆、戴尔·米勒、约翰·萨比尼、罗丝安娜·萨默斯、苏尼塔·沙赫、利夫·范博文。

感谢为我提供了本书中引用的文章与事例的人，包括娜塔莉·巴扎洛娃、埃丽卡·布思比、布雷迪·巴特菲尔德、布莱恩·厄尔、勒内·基兹尔萨克、艾丽森·莱杰伍德、尼尔·路易斯、德鲁·马尔戈林、丹·纽瓦克、尼克·萨利赫与贾尼斯·惠特洛克；感谢同意我分享他们个人经历与观点的每个人，包括亚历克斯·科尔文、凯文·哈洛克、阿兰·马赛厄斯、内奥米·特威约·诺金斯、埃丽卡·劳尔、吉莉安·桑德斯特仑，当然还有斯蒂芬、汉娜与伊夫琳。

感谢我现在和以前的学生、学生合作者与研究助理，没有他们，许多研究便不可能进行，他们是希利·阿尔德林、梅瑞迪斯·安德勒、阿娃·巴尼特、裴相雅、埃米莉·道森、塞巴

致 谢

斯蒂安·德里、劳伦·德文森特、莉莉·埃利斯、凯利·扬森、埃尚·贾恩、詹尼弗·洛格、毛畅国（音译）、阿曼达·迈纳、大卫·纳瓦德赫、考特尼·诺尔、皮尔森·奥尔、玛雅·波蒂略、梅根·罗德里格斯、马赫迪·罗加尼扎德、杰弗里·谢尔曼、卡西迪·希尔、肯德拉·索伯、丹尼尔·斯泰因、卡莉·斯图尔特、哈里·特拉比、夏洛特·瓦尔登、谢薇琪、埃米·徐。

感谢出现在我生命中给我带来大大小小改变的人，认识你们三生有幸。基思、阿什利、康纳·伯恩斯、休、保罗、萨拉·丹吉洛、雷切尔·亚历克斯、克里斯汀·阿佩尔、凯特·比格尔、贝姬·科尔斯沃西、劳伦·科斯塔、桑福德·德沃、艾莉森·伊莱亚斯、杰里米·古德里奇、阿比·肖勒，谢谢你们。

感谢保育员把我的孩子们照顾得很好，她们安全无虞、开心快乐，我才得以放心地把精力集中在写作上。

感谢我的祖父母与我的所有家族成员，感谢你们给予我的爱与支持。

最后，感谢我的父母——史蒂夫与凯西，感谢你们为我所做的一切。

# 注释

## 前　言

1. Erica J. Boothby and Vanessa K. Bohns, "Why a simple act of kindness is not as simple as it seems: Underestimating the positive impact of our compliments on others," *Personality and Social Psychology Bulletin* 47, no. 5 (2021): 826-840, https://doi.org/10.1177/0146167220949003.
2. For similar findings when people give compliments to friends, see also Xuan Zhao and Nicholas Epley, "Kind words do not become tired words: Undervaluing the positive impact of frequent compliments," *Self and Identity*, 2020, https://doi.org/10.1080/15298868.2020.1761438, and Xuan Zhao and Nicholas Epley, "Insufficiently complimentary? Underestimating the positive impact of compliments creates a barrier to expressing them," *Journal of Personality and Social Psychology*, 2021 (forthcoming).
3. Amit Kumar and Nicholas Epley, "Undervaluing gratitude: Expressers misunderstand the consequences of showing appreciation," *Psychological Science* 29, no. 9 (2018): 1423–1435, https://doi.org/10.1177/0956797618772506.

# 第一章　不易察觉的影响力

1. Kenneth P. Vogel, "Isn't that the Trump Lawyer?," *New York Times,* September 19, 2017, https://www.nytimes.com/2017/09/19/us/politics/isnt-that-the-trump-lawyer-a-reporters-accidental-scoop.html.
2. Fred Barbash, "Trump lawyers spill beans, thanks to terrible choice of restaurant," *Washington Post,* September 18, 2017, https://www.washingtonpost.com/news/morning-mix/wp/2017/09/18/trump-lawyers-spill-beans-after-terrible-restaurant-choice-next-to-nyt/?utm_term=.e8c581fa106c.
3. Dana Milbank, "A Trump lawyer caught gabbing about Russia at lunch racks up career errors," *Washington Post,* September 18, 2017, https://www.washingtonpost.com/opinions/a-trump-lawyer-caught-gabbing-about-russia-at-lunch-racks-up-career-errors/2017/09/18/34eea27a-9cbc-11e7-9083-fbfddf6804c2_story.html?utm_term=.df8c81d8df5c.
4. Erica J. Boothby, Margaret S. Clark, and John A. Bargh, "The invisibility cloak illusion: People (incorrectly) believe they observe others more than others observe them," *Journal of Personality and Social Psychology* 112, no. 4 (2017): 589, https://doi.org/10.1037/pspi0000082.
5. Chenbo Zhong, Francesca Gino, and I have referred to the sense of invisibility we experience when wearing sunglasses as the "illusion of anonymity," and have found that this false sense of anonymity can even lead people to behave more selfishly and dishonestly. Chen-Bo Zhong, Vanessa K. Bohns, and Francesca Gino, "Good lamps are the best police: Darkness increases dishonesty and self-interested behavior," *Psychological Science* 21, no. 3 (2010): 311–314, https://doi.org/10.1177/0956797609360754.
6. Clara Colombatto, Yi-Chia Chen, and Brian J. Scholl, "Gaze deflection reveals how gaze cueing is tuned to extract the mind behind the eyes," *Proceedings of the National Academy of Sciences* (2020, forthcoming), https://doi.org/10.1073/pnas.2010841117.
7. Thomas Gilovich, Victoria Husted Medvec, and Kenneth Savitsky, "The spotlight effect in social judgment: An egocentric bias in esti-

mates of the salience of one's own actions and appearance," *Journal of Personality and Social Psychology* 78, no. 2 (2000): 211, https://doi.org/10.1037/0022-3514.78.2.211.
8. Boothby, Clark, and Bargh, "Invisibility cloak illusion," 589.
9. Erica J. Boothby, Margaret S. Clark, and John A. Bargh, "Shared experiences are amplified," *Psychological Science* 25, no. 12 (2014): 2209–2216, https://doi.org/10.1177/0956797614551162.
10. Garriy Shteynberg, Jacob B. Hirsh, Adam D. Galinsky, and Andrew P. Knight, "Shared attention increases mood infusion," *Journal of Experimental Psychology: General* 143, no. 1 (2014): 123, https://doi.org/10.1037/a0031549.
11. Todd Leopold, "Broadway legend grabs phone from texter, laments future," *CNN*, July 9, 2015, https://www.cnn.com/2015/07/09/entertainment/feat-patti-lupone-cell-phone/index.html.
12. Eric Sullivan, "Hannah Gadsby explains why Jerry Seinfeld is wrong about PC culture," *Esquire*, September 12, 2019, https://www.esquire.com/entertainment/tv/a28989896/hannah-gadsby-interview-jerry-seinfeld-pc-culture/.
13. Elizabeth Blair, "Comedy clubs are closed, so to reach audiences, comics have to improvise," NPR, May 7, 2020, https://www.npr.org/2020/05/07/848109182/comedy-clubs-are-closed-so-to-reach-audiences-comics-have-to-improvise.
14. *Comedian*, directed by Christian Charles (Miramax, 2002).
15. Katie Reilly, "Read Hillary Clinton's 'basket of deplorables' remarks about Donald Trump supporters," *Time,* September 10, 2016, https://time.com/4486502/hillary-clinton-basket-of-deplorables-transcript/.
16. Chris Cillizza, "Why Mitt Romney's "47 percent" comment was so bad," *Washington Post,* March 4, 2013, https://www.washingtonpost.com/news/the-fix/wp/2013/03/04/why-mitt-romneys-47-percent-comment-was-so-bad/?utm_term=.42fe4de07d11.
17. Gerald E. Echterhoff, E. Tory Higgins, and Stephan Groll, "Audience-tuning effects on memory: The role of shared reality," *Journal of Personality and Social Psychology* 89, no. 3 (2005): 257,

https://doi.org/10.1037/0022-3514.89.3.257.
18. Douglas Kingsbury, "Manipulating the amount of information obtained from a person giving directions" (PhD dissertation, Harvard University, 1968).
19. Robert M. Krauss and Susan R. Fussell, "Perspective-taking in communication: Representations of others' knowledge in reference," *Social Cognition* 9, no. 1 (1991): 2–24, https://doi.org/10.1521/soco.1991.9.1.2.
20. Donn Byrne, *The Attraction Paradigm* (Academic Press, 1971).
21. Manis, Melvin, S. Douglas Cornell, and Jeffrey C. Moore, "Transmission of attitude relevant information through a communication chain," *Journal of Personality and Social Psychology* 30, no. 1 (1974): 81, https://doi.org/10.1037/h0036639.
22. Seth Meyers, "Trevor Noah was a victim of fake news," *Late Night with Seth Meyers*, September 7, 2017, https://www.youtube.com/watch?v=OLxDnnTpgA0.
23. E. Tory Higgins and William S. Rholes, "'Saying is believing': Effects of message modification on memory and liking for the person described," *Journal of Experimental Social Psychology* 14 (1978), 363–378, https://doi.org/10.1016/0022-1031(78)90032-X.
24. Tamara Keith, "Wikileaks claims to release Hillary Clinton's Goldman Sachs Transcripts," NPR, October 15, 2016, https://www.npr.org/2016/10/15/498085611/wikileaks-claims-to-release-hillary-clintons-goldman-sachs-transcripts.
25. Peter Brown, *The Curious Garden* (Little, Brown Books for Young Readers, 2013).
26. Damon Centola, *How Behavior Spreads: The Science of Complex Contagions*, vol. 3. (Princeton University Press, 2018).
27. Robert H. Frank, "Thy neighbor's solar panels," *The Atlantic*, March 2020, https://www.theatlantic.com/magazine/archive/2020/03/climate-change-peer-pressure/605515/.
28. Bryan Bollinger and Kenneth Gillingham, "Peer effects in the diffusion of solar photovoltaic panels," *Marketing Science* 31, no. 6 (2012): 900–912, http://dx.doi.org/10.1287/mksc.1120.0727.

## 第二章 你的说服力

1. Sebastian Deri, Shai Davidai, and Thomas Gilovich, "Home alone: Why people believe others' social lives are richer than their own," *Journal of Personality and Social Psychology* 113, no. 6 (2017): 858, https://doi.org/10.1037/pspa0000105.
2. Mark D. Alicke and Olesya Govorun, "The better-than-average effect," in *The Self in Social Judgment*, ed. M. D. Alicke, D. A. Dunning, and J. I. Krueger, 85–106 (Psychology Press, 2005).
3. Nicholas Epley and David Dunning, "Feeling 'holier than thou': Are self-serving assessments produced by errors in self- or social prediction?," *Journal of Personality and Social Psychology* 79, no. 6 (2000): 861, https://doi.org/10.1037/0022-3514.79.6.861.
4. Elanor F. Williams and Thomas Gilovich, "Do people really believe they are above average?," *Journal of Experimental Social Psychology* 44 (2008): 1121–1128, https://doi.org/10.1016/j.jesp.2008.01.002.
5. Ola Svenson, "Are we all less risky and more skillful than our fellow drivers?," *Acta Psychologica* 47, no. 2 (1981): 143–148, https://doi.org/10.1016/0001-6918(81)90005-6.
6. Robinson Meyer, "It's a lonely world: The median Twitter user has 1 measly follower," *The Atlantic*, December 19, 2013, https://www.theatlantic.com/technology/archive/2013/12/its-a-lonely-world-the-median-twitter-user-has-1-measly-follower/282513/.
7. Erica J. Boothby, Gus Cooney, Gillian M. Sandstrom, and Margaret S. Clark, "The liking gap in conversations: Do people like us more than we think?," *Psychological Science* 29, no. 11 (2018): 1742–1756, https://doi.org/10.1177/0956797618783714.
8. Robert B. Cialdini, *Influence: The Psychology of Persuasion*, rev. ed. (Harper Business, 2006).
9. Molly J. Crockett, "Moral outrage in the digital age," *Nature Human Behaviour* 1, no. 11 (2017): 769, https://doi.org/10.1038/s41562-017-0213-3.
10. Laura Stafford, Cynthia S. Burggraf, and William F. Sharkey,

"Conversational memory: The effects of time, recall, mode, and memory expectancies on remembrances of natural conversations," *Human Communication Research* 14, no. 2 (1987): 203–229, https://doi.org/10.1111/j.1468-2958.1987.tb00127.x.

11. Thomas Holtgraves, "Conversation, speech acts, and memory," *Memory & Cognition* 36, no. 2 (2008): 361–374, https://link.springer.com/article/10.3758/MC.36.2.361.

12. Ellen J. Langer, Arthur Blank, and Benzion Chanowitz, "The mindlessness of ostensibly thoughtful action: The role of 'placebic' information in interpersonal interaction." *Journal of Personality and Social Psychology* 36, no. 6 (1978): 635, https://doi.org/10.1037/0022-3514.36.6.635.

13. Ibid.

14. Cialdini, *Influence*.

15. M. Anne Britt, C. A. Kurby, S. Dandotkar, and C. R. Wolfe, "I agreed with what? Memory for simple argument claims," *Discourse Processes* 45, no. 1 (2007): 52–84, https://doi.org/10.1080/01638530701739207.

16. M. Anne Britt and Aaron A. Larson, "Constructing representations of arguments," *Journal of Memory and Language* 48, no. 4 (2003): 794–810, https://doi.org/10.1016/S0749-596X(03)00002-0.

17. Valerie F. Reyna and Charles J. Brainerd, "Fuzzy-trace theory: An interim synthesis," *Learning and Individual Differences*, 7, no. 1 (1995): 1–75, https://doi.org/10.1016/1041-6080(95)90031-4.

18. H. Paul Grice, "Logic and conversation," in *Syntax and Semantics 3: Speech Arts,* ed. Peter Cole and Jerry L. Morgan, 41–58 (Academic Press, 1975).

19. Benedictus de (Baruch) Spinoza, *The Ethics and Selected Letters*, trans. Seymour Feldman, ed. Samuel Shirley (Hackett, 1982). (Original work published in 1677.)

20. David D. Clare and Timothy R. Levine, "Documenting the truth-default: The low frequency of spontaneous unprompted veracity assessments in deception detection," *Human Communication Research* 45, no. 3 (2019): 286–308, https://doi.org/10.1093/hcr/

hqz001.
21. Daniel T. Gilbert, Douglas S. Krull, and Patrick S. Malone, "Unbelieving the unbelievable: Some problems in the rejection of false information," *Journal of Personality and Social Psychology* 59, no. 4 (1990): 601–613, https://doi.org/10.1037/0022-3514.59.4.601.
22. Daniel T. Gilbert, Romin W. Tafarodi, and Patrick S. Malone, "You can't not believe everything you read," *Journal of Personality and Social Psychology* 65, no. 2 (1993): 221, https://doi.org/10.1037/0022-3514.65.2.221.
23. Katherine Bischoping, "Gender differences in conversation topics, 1922–1990," *Sex Roles* 28, no. 1–2 (1993): 1–18, http://dx.doi.org/10.1007/BF00289744.
24. Ann Kronrod, Amir Grinstein, and Luc Wathieu, "Mind the gap between needs and wants: Misused assertiveness in well-being communication" (working paper, 2020).
25. Ann Kronrod, Amir Grinstein, and Luc Wathieu, "Go green! Should environmental messages be so assertive?," *Journal of Marketing* 76, no. 1 (2012): 95–102, https://doi.org/10.1509/jm.10.0416.
26. Ijeoma Oluo, *So You Want to Talk about Race* (Seal Press, 2019).
27. Don A. Moore and Paul J. Healy, "The trouble with overconfidence," *Psychological Review* 115, no. 2 (2008): 502, https://doi.org/10.1037/0033-295X.115.2.502.
28. Scott Plous, *The Psychology of Judgment and Decision Making* (McGraw-Hill Book Company, 1993).

## 第三章　既然你有所求

1. Heidi Grant, *Reinforcements: How to Get People to Help You* (Harvard Business Review, 2018).
2. Vanessa K. Bohns, "(Mis)Understanding our influence over others: A review of the underestimation-of-compliance effect," *Current Directions in Psychological Science* 25, no. 2 (2016): 119–123, https://doi.org/10.1177/0963721415628011.
3. Francis J. Flynn and Vanessa K. B. Lake (Bohns), "If you need help,

just ask: Underestimating compliance with direct requests for help," *Journal of Personality and Social Psychology* 95, no. 1 (2008): 128, https://doi.org/10.1037/0022-3514.95.1.128.
4. Ibid.
5. Sebastian Deri, Daniel H. Stein, and Vanessa K. Bohns, "With a little help from my friends (and strangers): Closeness as a moderator of the underestimation-of-compliance effect," *Journal of Experimental Social Psychology* 82 (2019): 6–15, https://doi.org/10.1016/j.jesp.2018.11.002.
6. Daniel A. Newark, Francis J. Flynn, and Vanessa K. Bohns, "Once bitten, twice shy: The effect of a past refusal on expectations of future compliance," *Social Psychological and Personality Science* 5, no. 2 (2014): 218–225, https://doi.org/10.1177/1948550613490967.
7. M. Mahdi Roghanizad and Vanessa K. Bohns, "Ask in person: You're less persuasive than you think over email," *Journal of Experimental Social Psychology* 69 (2017): 223–226, https://doi.org/10.1016/j.jesp.2016.10.002.
8. Vanessa K. Bohns, Daniel A. Newark, and Amy Z. Xu, "For a dollar, would you . . . ? How (we think) money affects compliance with our requests," *Organizational Behavior and Human Decision Processes* 134 (2016): 45–62, https://doi.org/10.1016/j.obhdp.2016.04.004.
9. Hillie Aaldering, "If you need help, just ask: Underestimating helping behavior across cultures" (master's thesis, University of Amsterdam, 2009).
10. Vanessa K. Bohns, Michel J. J. Handgraaf, Jianmin Sun, Hillie Aaldering, Changguo Mao, and Jennifer Logg, "Are social prediction errors universal? Predicting compliance with a direct request across cultures," *Journal of Experimental Social Psychology* 47, no. 3 (2011): 676–680, https://doi.org/10.1016/j.jesp.2011.01.001.
11. Bohns, Newark, and Xu, "For a dollar, would you . . . ?"
12. Francis J. Flynn, "How much is it worth to you? Subjective evaluations of help in organizations," *Research in Organizational Behavior* 27 (2006): 133–174, https://doi.org/10.1016/S0191-3085

(06)27004-7.
13. Francis J. Flynn, "What have you done for me lately? Temporal adjustments to favor evaluations," *Organizational Behavior and Human Decision Processes* 91, no. 1 (2003): 38–50, https://doi.org/10.1016/S0749-5978(02)00523-X.
14. *Dumbo*, directed by Ben Sharpsteen (Walt Disney Studios, 1941).
15. Flynn and Lake (Bohns), "If you need help, just ask."
16. Bohns, "(Mis)Understanding our influence over others."
17. Robert B. Cialdini, Betty Lee Darby, and Joyce E. Vincent, "Transgression and altruism: A case for hedonism," *Journal of Experimental Social Psychology* 9, no. 6 (1973): 502–516, https://doi.org/10.1016/0022-1031(73)90031-0.
18. C. Daniel Batson, Judy G. Batson, Cari A. Griffitt, Sergio Barrientos, J. Randall Brandt, Peter Sprengelmeyer, and Michael J. Bayly, "Negative-state relief and the empathy—altruism hypothesis," *Journal of Personality and Social Psychology* 56, no. 6 (1989): 922, https://doi.org/10.1037/0022-3514.56.6.922.
19. Dale T. Miller, "The norm of self-interest," *American Psychologist* 54, no. 12 (1999): 1053, https://doi.org/10.1037/0003-066X.54.12.1053.
20. Chip Heath, "On the social psychology of agency relationships: Lay theories of motivation overemphasize extrinsic incentives." *Organizational Behavior and Human Decision Processes* 78, no. 1 (1999): 25–62, https://doi.org/10.1006/obhd.1999.2826.
21. Daniel A. Newark, Vanessa K. Bohns, and Francis J. Flynn, "A helping hand is hard at work: Help-seekers' underestimation of helpers' effort," *Organizational Behavior and Human Decision Processes* 139 (2017): 18–29, https://doi.org/10.1016/j.obhdp.2017.01.001.
22. Flynn and Lake (Bohns), "If you need help, just ask."
23. Sharon Driscoll, "Paul Brest," *Stanford Lawyer* (2014). https://law.stanford.edu/stanford-lawyer/articles/paul-brest/.
24. Ibid.
25. Ibid.

26. Susan Bell, "Reflections upon a leader: Paul Brest, mentor and friend," *Stanford Law Review* (2000): 257–260, https://www.jstor.org/stable/1229479.
27. Paul Brest, "Fundraising, football and other lessons learned as dean," *Stanford Report* (1999). https://news.stanford.edu/news/1999/august25/brestvantage-825.html.
28. July 20, 2019, personal email correspondence.

## 第四章　为什么说"不"那么难

1. Erving Goffman, *The Presentation of Self in Everyday Life* (Anchor, 1959).
2. Sunita Sah, George Loewenstein, and Daylian Cain, "Insinuation anxiety: Concern that advice rejection will signal distrust after conflict of interest disclosures," *Personality and Social Psychology Bulletin* 45, no. 7 (2019): 1099–1112, https://doi.org/10.1177/0146167218805991.
3. "Choking prevention and rescue tips," National Safety Council, https://www.nsc.org/home-safety/safety-topics/choking-suffocation.
4. Emma Hammett, "Have YOU ever choked on your food? The DIY guide to saving your own life . . . ," *Daily Mail*, January 27, 2017, https://www.dailymail.co.uk/health/article-4163960/Revealed-DIY-guide-not-dying-choking.html.
5. John Sabini, Michael Siepmann, and Julia Stein, "The really fundamental attribution error in social psychological research," *Psychological Inquiry* 12, no. 1 (2001): 1–15, https://doi.org/10.1207/S15327965PLI1201_01.
6. John M. Darley and Bibb Latané, "Bystander intervention in emergencies: Diffusion of responsibility," *Journal of Personality and Social Psychology* 8, no. 4, p. 1 (1968): 377, https://doi.org/10.1037/h0025589.
7. Bibb Latané and John M. Darley, "Group inhibition of bystander intervention in emergencies," *Journal of Personality and Social*

8. Ibid.
9. Deborah A. Prentice and Dale T. Miller, "Pluralistic ignorance and the perpetuation of social norms by unwitting actors," in *Advances in Experimental Social Psychology*, vol. 28, 161–209 (Academic Press: 1996).
10. Bibb Latané and Judith Rodin, "A lady in distress: Inhibiting effects of friends and strangers on bystander intervention," *Journal of Experimental Social Psychology* 5, no. 2 (1969): 189–202, https://doi.org/10.1016/0022-1031(69)90046-8.
11. Sabini, Siepmann, and Stein, "The really fundamental attribution error."
12. Stanley Milgram, *Obedience to Authority: An Experimental View* (Harper & Row, 1974).
13. Thomas Blass, *Obedience to Authority: Current Perspectives on the Milgram Paradigm* (Lawrence Erlbaum Associates Publishers, 1999).
14. M. Mahdi Roghanizad and Vanessa K. Bohns, "Ask in person: You're less persuasive than you think over email," *Journal of Experimental Social Psychology*, 69 (2017): 223–226, https://doi.org/10.1016/j.jesp.2016.10.002.
15. Sabini, Siepmann, and Stein, "The really fundamental attribution error."
16. Leaf Van Boven, George Loewenstein, and David Dunning, "The illusion of courage in social predictions: Underestimating the impact of fear of embarrassment on other people," *Organizational Behavior and Human Decision Processes* 96, no. 2 (2005): 130–141, https://doi.org/10.1016/j.obhdp.2004.12.001.
17. Francis J. Flynn and Vanessa K. B. Lake (Bohns), "If you need help, just ask: Underestimating compliance with direct requests for help," *Journal of Personality and Social Psychology* 95, no. 1 (2008): 128, https://doi.org/10.1037/0022-3514.95.1.128.
18. Julie A. Woodzicka and Marianne LaFrance, "Real versus imagined gender harassment," *Journal of Social Issues* 57, no. 1 (2001): 15–30, https://doi.org/10.1111/0022-4537.00199.

19. Jennifer Randall Crosby and Johannes Wilson, "Let's not, and say we would: Imagined and actual responses to witnessing homophobia," *Journal of Homosexuality* 62, no. 7 (2015): 957–970, https://doi.org/10.1080/00918369.2015.1008284.
20. Kerry Kawakami, Elizabeth Dunn, Francine Karmali, and John F. Dovidio, "Mispredicting affective and behavioral responses to racism," *Science* 323, no. 5911 (2009): 276–278, https://doi.org/10.1126/science.1164951.
21. Kevin Mitnick, *Ghost in the Wires: My Adventures as the World's Most Wanted Hacker* (Little, Brown and Company, 2011).
22. Brad J. Sagarin and Kevin D. Mitnick, "The path of least resistance," in Douglas Kenrick, Noah Goldstein, and Sanford Braver, eds., *Six Degrees of Social Influence: Science, Application, and the Psychology of Robert Cialdini* (Oxford University Press: 2012).
23. "Alisa" and "Steve" from *Ghost in the Wires* are referred to as "Alice" and "John" in Sagarin and Mitnick's 2012 article.
24. Daryl J. Bem, "Self-perception theory," in *Advances in Experimental Social Psychology*, vol. 6, 1–62 (Academic Press, 1972), https://doi.org/10.1016/S0065-2601(08)60024-6.

## 第五章 不实信息，不当请求，以及"我也是"

1. Gretchen Morgenson, "Debt watchdogs: Tamed or caught napping?," *New York Times*, December 6, 2008, https://www.nytimes.com/2008/12/07/business/07rating.html.
2. Vanessa K. Bohns, M. Mahdi Roghanizad, and Amy Z. Xu, "Underestimating our influence over others' unethical behavior and decisions," *Personality and Social Psychology Bulletin* 40, no. 3 (2014): 348–362, https://doi.org/10.1177/0146167213511825.
3. Vanessa K. Bohns, "(Mis)Understanding our influence over others: A review of the underestimation-of-compliance effect," *Current Directions in Psychological Science* 25, no. 2 (2016): 119–123, https://doi.org/10.1177/0963721415628011.

4. Bohns, Roghanizad, and Xu, "Underestimating our influence over others' unethical behavior."
5. Bohns, "(Mis)Understanding our influence over others."
6. Emma Brockes, "Me Too founder Tarana Burke: You have to use your privilege to serve other people," *The Guardian*, January 15, 2018, https://www.theguardian.com/world/2018/jan/15/me-too-founder-tarana-burke-women-sexual-assault.
7. Jodi Kantor and Megan Twohey, "Harvey Weinstein Paid Off Sexual Harassment Accusers for Decades," *New York Times*, October 5, 2017, https://www.nytimes.com/2017/10/05/us/harvey-weinstein-harassment-allegations.html.
8. Paul Farhi, "So, you had questions about that button on Matt Lauer's desk?," *Washington Post*, December 1, 2017, https://www.washingtonpost.com/lifestyle/style/so-you-had-questions-about-that-button-on-matt-lauers-desk/2017/12/01/48b1f7c2-d6bd-11e7-a986-d0a9770d9a3e_story.html.
9. Louis C. K., "Louis C.K. responds to accusations: These stories are true," *New York Times,* November 10, 2017, https://www.nytimes.com/2017/11/10/arts/television/louis-ck-statement.html.
10. Anna North, "The Aziz Ansari story is ordinary, and that's why we have to talk about it," Vox, January 16, 2018, https://www.vox.com/identities/2018/1/16/16894722/aziz-ansari-grace-babe-me-too.
11. Katie Way, "I went on a date with Aziz Ansari. It turned into the worst night of my life," Babe, https://babe.net/2018/01/13/aziz-ansari-28355.
12. Emily Stewart, "Aziz Ansari responds to sexual allegations against him," Vox, January 15, 2018, https://www.vox.com/identities/2018/1/15/16893468/aziz-ansari-allegations.
13. Way, "I went on a date with Aziz Ansari."
14. Kelly McEvers and Caitlin Flanagan, "The fine line between a bad date and sexual assault: 2 views on Aziz Ansari," interviewed by Ari Shapiro, *All Things Considered*, NPR, January 16, 2018, https://www.npr.org/2018/01/16/578422491/the-fine-line-between-a-bad-date-and-sexual-assault-two-views-on-aziz-ansari.

15. North, "The Aziz Ansari story is ordinary."
16. Kristen Roupenian, "Cat Person," *New Yorker*, December 4, 2017, https://www.newyorker.com/magazine/2017/12/11/cat-person.
17. Olga Khazan, "A viral short story for the #MeToo movement," *The Atlantic*, December 11, 2017, https://www.theatlantic.com/technology/archive/2017/12/a-viral-short-story-for-the-metoo-moment/548009/.
18. Roupenian, "Cat Person."
19. Megan Garber, "The weaponization of awkwardness," *The Atlantic*, December 15, 2017, https://www.theatlantic.com/entertainment/archive/2017/12/the-weaponization-of-awkwardness/548291/.
20. Ella Dawson, "'Bad sex,' or the sex we don't want but have anyway," *Elle*, December 12, 2017, https://www.elle.com/life-love/sex-relationships/a14414938/bad-sex-or-the-sex-we-dont-want-but-have-anyway/.
21. Emily A. Impett and Letitia A. Peplau, "Sexual compliance: Gender, motivational, and relationship perspectives," *Journal of Sex Research* 40, no. 1 (2003): 87–100, https://doi.org/10.1080/00224490309552169.
22. Garber, "The Weaponization of Awkwardness."
23. Samantha Joel, Rimma Teper, and Geoff MacDonald, "People overestimate their willingness to reject potential romantic partners by overlooking their concern for other people," *Psychological Science* 25, no. 12 (2014): 2233–2240, https://doi.org/10.1177/0956797614552828.
24. Vanessa K. Bohns and Lauren A. DeVincent, "Rejecting unwanted romantic advances is more difficult than suitors realize," *Social Psychological and Personality Science* 10, no. 8 (2019): 1102–1110, https://doi.org/10.1177/1948550618769880.
25. Louise F. Fitzgerald, Sandra L. Shullman, Nancy Bailey, Margaret Richards, Janice Swecker, Yael Gold, Mimi Omerod, and Lauren Weitzman, "The incidence and dimensions of sexual harassment in academia and the workplace," *Journal of Vocational Behavior* 32 (1988): 152–175, https://doi.org/10.1016/0001-8791(88)90012-7.

26. Reshma Jagsi, Kent A. Griffith, Rochelle Jones, Chithra R. Perumalswami, Peter Ubel, and Abigail Stewart, "Sexual harassment and discrimination experiences of academic medical faculty," *JAMA* 315, (2016): 2120–2121, https://doi.org/10.1001/jama.2016.2188.
27. Hope Jahren, "She wanted to do her research. He wanted to talk feelings," *New York Times*, March 4, 2016, https://www.nytimes.com/2016/03/06/opinion/sunday/she-wanted-to-do-her-research-he-wanted-to-talk-feelings.html.
28. Vanessa K. Bohns, "Why 'just go for it' is bad dating advice," *Character & Context*, February 20, 2020, http://www.spsp.org/news-center/blog/bohns-unwanted-romantic-advances#gsc.tab=0.
29. Jada Yuan, "L.A. writer says Richard Dreyfuss sexually harassed and exposed himself to her in the 1980's," Vulture, November 10, 2017, https://www.vulture.com/2017/11/richard-dreyfuss-accused-of-exposing-himself-to-woman.html.
30. *Aziz Ansari: Right Now*, directed by Spike Jonze (Netflix, 2019).
31. Alain-Phillipe Durand, "Prepping for the campus visit," *Inside Higher Ed,* April 11, 2011, https://www.insidehighered.com/advice/2011/04/11/prepping-campus-visit.
32. Lauren A. Rivera, *Pedigree: How Elite Students Get Elite Jobs* (Princeton University Press, 2016).
33. Lauren A. Rivera, "When two bodies are (not) a problem: Gender and relationship status discrimination in academic hiring," *American Sociological Review* 82, no. 6 (2017): 1111–1138, https://doi.org/10.1177/0003122417739294.
34. Alexander H. Jordan and Emily M. Zitek, "Marital status bias in perceptions of employees," *Basic and Applied Social Psychology* 34, no. 5 (2012): 474–481, https://doi.org/10.1080/01973533.2012.711687.
35. Laura Davis, "You can't ask that! Unmasking the myths about 'illegal' pre-employment interview questions," *ALSB Journal of Employment and Labor Law* 12, 39–57, Spring 2011, https://castle.eiu.edu/~alsb/Spring2011.html.
36. H. Gene Hern Jr., Tarak Trivedi, Harrison J. Alter, and Charlotte P. Wills, "How prevalent are potentially illegal questions during

36. residency interviews? A follow-up study of applicants to all specialties in the National Resident Matching Program," *Academic Medicine* 91, no. 11 (2016): 1546–1553, https://doi.org/10.1097/ACM.0000000000001181.
37. Vivian Giang, "11 common interview questions that are actually illegal," *Business Insider*, July 5, 2013, https://www.businessinsider.com/11-illegal-interview-questions-2013-7.
38. Einav Hart, Eric VanEpps, and Maurice Schweitzer, "I didn't want to offend you: The cost of avoiding sensitive questions" (working paper), Einav Hart, Eric M. VanEpps, and Maurice E. Schweitzer, "The (better than expected) consequences of asking sensitive questions," *Organizational Behavior and Human Decision Processes*, 162 (2021): 136–154, https://doi.org/10.1016/j.obhdp.2020.10.014.
39. Kathryn Greene, Valerian J. Derlega, and Alicia Mathews, "Self-disclosure in personal relationships," in A. L. Vangelisti and D. Perlman, eds., *The Cambridge Handbook of Personal Relationships* (Cambridge University Press, 2006): 409–427, https://doi.org/10.1017/CBO9780511606632.023.
40. Catherine Shea, Sunita Sah, and Ashley Martin, "Just don't ask: Raising protected class issues in job interviews increases insinuation anxiety and negatively influences outcomes for employers and employees" (working paper).
41. Dolly Chugh, *The Person You Mean to Be: How Good People Fight Bias* (HarperCollins, 2018).
42. Harry G. Frankfurt, *On Bullshit* (Princeton University Press, 2005).
43. John V. Petrocelli, "Antecedents of bullshitting," *Journal of Experimental Social Psychology* 76 (2018): 249–258, https://doi.org/10.1016/j.jesp.2018.03.004.
44. Gordon Pennycook and David G. Rand, "Who falls for fake news? The roles of bullshit receptivity, overclaiming, familiarity, and analytic thinking," *Journal of Personality* 88, no. 2 (2018): 185–200, https://doi.org/10.1111/jopy.12476.
45. Gordon Pennycook, James Allan Cheyne, Nathaniel Barr, Derek J.

Koehler, and Jonathan A. Fugelsang, "On the reception and detection of pseudo-profound bullshit," *Judgment and Decision Making* 10, no. 6 (2015): 549–563, http://journal.sjdm.org/15/15923a/jdm15923a.html.
46. Soroush Vosoughi, Deb Roy, and Sinan Aral, "The spread of true and false news online," *Science* 359, no. 6380 (2018): 1146–1151, https://doi.org/10.1126/science.aap9559.
47. Gordan Pennycook and David G. Rand, "Lazy, not biased: Susceptibility to partisan fake news is better explained by lack of reasoning than by motivated reasoning," *Cognition* 188 (2019), 39–50, https://doi.org/10.1016/j.cognition.2018.06.011.
48. Michael S. Bernstein, Eytan Bakshy, Moira Burke, and Brian Karrer, "Quantifying the invisible audience in social networks," *Proceedings of the SIGCHI Conference on Human Factors in Computing Systems* (2013): 21–30, https://doi.org/10.1145/2470654.2470658.

## 第六章 真实的威势与感知中的影响力

1. Amy R. Wolfson and Mary A. Carskadon, "A survey of factors influencing high school start-times," *NASSP Bulletin* 89, no. 642 (2005): 47–66, https://doi.org/10.1177/019263650508964205.
2. Mary A. Carskadon, Susan E. Labyak, Christine Acebo, and Ronald Seifer, "Intrinsic circadian period of adolescent humans measured in conditions of forced desynchrony," *Neuroscience Letters* 260, no. 2 (1999): 129–132, https://doi.org/10.1016/S0304-3940(98)00971-9.
3. Jere Longman, "College Basketball East: Once lowly, Sankes and Holy Cross bounce back," March 15, 2001, *New York Times,* https://www.nytimes.com/2001/03/15/sports/college-basketball-east-once-lowly-sankes-and-holy-cross-bounce-back.html.
4. John Feinstein, *The Last Amateurs: Playing for Glory and Honor in Division I College Basketball* (Back Bay Books, 2008).
5. Ibid.
6. Ibid.

7. Longman, "College Basketball East."
8. "Jocks can sue over nude drill as court strips earlier decision," July 1, 2001, *New Brunswick Daily Herald,* https://www.heraldextra.com/sports/jocks-can-sue-over-nude-drill-as-court-strips-earlier/article_8916f968-d533-55ce-a052-a985989843c9.html.
9. Longman, "College Basketball East."
10. Ibid.
11. Welch Suggs, "N.J. court allows Rutgers athletes to sue over being forced to run naked," *Chronicle of Higher Education,* https://www.chronicle.com/article/NJ-Court-Allows-Rutgers/9622.
12. Ken Davis, "Bannon's actions get under Rutgers' skin," *Hartford Courant,* September 12, 1999, https://www.courant.com/news/connecticut/hc-xpm-1999-09-12-9909120266-story.html.
13. Feinstein, *The Last Amateurs.*
14. Ibid.
15. Susan T. Fiske, "Controlling other people: The impact of power on stereotyping," *American Psychologist* 48, no. 6 (1993): 621, https://doi.org/10.1037/0003-066X.48.6.621.
16. Adam D. Galinsky, Joe C. Magee, M. Ena Inesi, and Deborah H. Gruenfeld, "Power and perspectives not taken," *Psychological Science* 17, no. 12 (2006): 1068–1074, https://doi.org/10.1111/j.1467-9280.2006.01824.x.
17. Adam D. Galinsky, Derek D. Rucker, and Joe C. Magee, "Power and perspective-taking: A critical examination," *Journal of Experimental Social Psychology* 67 (2016): 91–92, https://doi.org/10.1016/j.jesp.2015.12.002.
18. Marianne Schmid Mast, Klaus Jonas, and Judith A. Hall, "Give a person power and he or she will show interpersonal sensitivity: The phenomenon and its why and when," *Journal of Personality and Social Psychology* 97, no. 5 (2009): 835, https://doi.org/10.1037/a0016234.
19. Galinsky, Rucker, and Magee, "Power and perspective-taking."
20. Adam D. Galinsky, Joe C. Magee, Deborah H. Gruenfeld, Jennifer A. Whitson, and Katie A. Liljenquist, "Power reduces the press

of the situation: implications for creativity, conformity, and dissonance," *Journal of Personality and Social Psychology,* 95, no. 6 (2008): 1450, https://doi.org/10.1037/a0012633.
21. Adam D. Galinsky, Deborah H. Gruenfeld, and Joe C. Magee, "From power to action," *Journal of Personality and Social Psychology* 85, no. 3 (2003): 453, https://doi.org/10.1037/0022-3514.85.3.453.
22. Yidan Yin, Krishna Savani, and Pamela Smith, "From power to choice: A high sense of power increases blame" (working paper).
23. Adam Galinsky, "When you're in charge, your whisper may feel like a shout," *New York Times*, August 15, 2015, https://www.nytimes.com/2015/08/16/jobs/when-youre-in-charge-your-whisper-may-feel-like-a-shout.html.
24. *The Devil Wears Prada*, directed by David Frankel (20th Century Fox, 2006).
25. Heather Caygle, John Bresnahan, and Kyle Cheney, "Rep. Katie Hill to resign amid allegations of inappropriate relationships with staffers," *Politico*, October 27, 2019, https://www.politico.com/news/2019/10/27/rep-katie-hill-to-resign-amid-allegations-of-inappropriate-relationships-with-staffers-000301.
26. Danielle Wiener-Bronner, "McDonald's CEO Steve Easterbrook is out for 'consensual relationship with an employee,'" CNN.com, November 4, 2019, https://www.cnn.com/2019/11/03/business/mcdonalds-ceo-steve-easterbrook-steps-down/index.html.
27. Yusaf Khan, "McDonald's loses $4 billion in value after CEO fired over relationship with subordinate," *Business Insider,* November 4, 2019, https://markets.businessinsider.com/news/stocks/mcdonalds-stock-price-billions-wiped-from-value-on-fired-ceo-easterbrook-2019-11-1028654817.
28. Paula McDonald, "Banning workplace romances won't solve the problem of sexual misconduct in the workplace," *The Conversation*, February 15, 2018, https://theconversation.com/banning-workplace-romances-wont-solve-the-problem-of-sexual-misconduct-in-the-office-91975
29. "President endorses consensual relationship policy," *Cornell*

*Chronicle,* May 21, 2018, https://news.cornell.edu/stories/2018/05/president-endorses-consensual-relationship-policy.

30. Hope Jahren, "She wanted to do her research. He wanted to talk feelings," *New York Times,* March 4, 2016, https://www.nytimes.com/2016/03/06/opinion/sunday/she-wanted-to-do-her-research-he-wanted-to-talk-feelings.html.
31. Elizabeth Wagmeister, "Matt Lauer accuser Brook Nevils slams him for victim blaming," *Variety,* October 10, 2019, https://variety.com/2019/tv/news/matt-lauer-accuser-victim-blaming-1203365926/.
32. Ronan Farrow, "From aggressive overtures to sexual assault: Harvey Weinstein's accusers tell their stories," *New Yorker,* October 10, 2017, https://www.newyorker.com/news/news-desk/from-aggressive-overtures-to-sexual-assault-harvey-weinsteins-accusers-tell-their-stories.
33. Dilvan Yasa, "There can be no winners: The consequences of sleeping with my boss," *Syndey Herald*, December 9, 2017, https://www.smh.com.au/lifestyle/life-and-relationships/i-came-out-realising-there-can-be-no-winners-the-consequences-of-sleeping-with-my-boss-20171207-h00g47.html.
34. Monica Lewinsky, "Shame and survival," *Vanity Fair,* May 6, 2014, https://www.vanityfair.com/news/2014/05/monica-lewinsky-speaks.
35. "Public shaming," *Last Week Tonight with John Oliver,* March 18, 2019, HBO.
36. Vanessa K. Bohns, "McDonald's fired its CEO for sleeping with an employee—research shows why even consensual office romances can be a problem," *The Conversation*, November 1, 2019, https://theconversation.com/mcdonalds-fired-its-ceo-for-sleeping-with-an-employee-research-shows-why-even-consensual-office-romances-can-be-a-problem-126231.
37. Antonia Abbey, "Sex differences in attributions for friendly behavior: Do males misperceive females' friendliness?," *Journal of Personality and Social Psychology* 42, no. 5 (1982): 830, https://doi.

org/10.1037/0022-3514.42.5.830.
38. John A. Bargh, Paula Raymond, John B. Pryor, and Fritz Strack, "Attractiveness of the underling: An automatic power → sex association and its consequences for sexual harassment and aggression," *Journal of Personality and Social Psychology* 68, no. 5 (1995): 768, https://doi.org/10.1037/0022-3514.68.5.768.
39. Monica Lewinsky, "Emerging from the 'house of gaslight' in the age of #metoo," *Vanity Fair,* March 2018, https://www.vanityfair.com/news/2018/02/monica-lewinsky-in-the-age-of-metoo.
40. Sarah Maslin Nir, "How 2 lives clashed in Central Park, rattling the nation," *New York Times,* June 14, 2020, https://www.nytimes.com/2020/06/14/nyregion/central-park-amy-cooper-christian-racism.html.
41. Evan Hill, Ainara Tiefenthäler, Christiaan Triebert, Drew Jordan, Haley Willis, and Robin Stein, "How George Floyd was killed in police custody," *New York Times,* Jun 22, 2020, https://www.nytimes.com/2020/05/31/us/george-floyd-investigation.html.
42. Ginia Bellafante, "Why Amy Cooper's use of 'African American' stung," *New York Times,* May 29, 2020, https://www.nytimes.com/2020/05/29/nyregion/Amy-Cooper-Central-Park-racism.html.
43. Frank Edwards, Hedwig Lee, and Michael Esposito, "Risk of being killed by police use of force in the United States by age, race-ethnicity, and sex," *Proceedings of the National Academy of Sciences* 116, no. 34 (2019): 16793–16798, https://doi.org/10.1073/pnas.1821204116.
44. Shane Goldmacher, "Racial justice groups flooded with millions in donations in wake of Floyd death," *New York Times,* June 14, 2020, https://www.nytimes.com/2020/06/14/us/politics/black-lives-matter-racism-donations.html.
45. Philip Marcel, "Black-owned businesses see sales surge amid racism reckoning," Associated Press, July 1, 2020, https://apnews.com/5738fc904a6b29118e63a5d762f48791.
46. Marguerite Ward, "The NYT bestseller list this week is almost

entirely comprised of books about race and white privilege in America," *Business Insider*, June 11, 2020, https://www.businessinsider.com/new-york-times-bestseller-list-books-about-race-in-america-2020-6.

47. Dionne Searcey and David Zucchino, "Protests swell across America as George Floyd is mourned near his birthplace," *New York Times,* June 6, 2020, https://www.nytimes.com/2020/06/06/us/protests-today-police-george-floyd.html.
48. Soledad O'Brien, "A MeToo movement for journalists of color," *New York Times,* July 4, 2020, https://www.nytimes.com/2020/07/04/opinion/soledad-obrien-racism-journalism.html?action=click&module=Opinion&pgtype=Homepage.
49. Kerry Flynn, "Refinery29 is reeling from claims of racism and toxic work culture. Employees say it's even worse behind the scenes," CNN.com, June 11, 2020, https://www.cnn.com/2020/06/11/media/refinery29-workplace-culture/index.html.
50. Concepción de León and Elizabeth A. Harris, "#PublishingPaidMe and a Day of Action Reveal an Industry Reckoning," *New York Times,* June 8, 2020, https://www.nytimes.com/2020/06/08/books/publishingpaidme-publishing-day-of-action.html.
51. Mary Louise Kelly, "#PublishingPaidMe: Authors share their advances to expose racial disparaties," *All Things Considered*, NPR, June 8, 2020, https://www.npr.org/2020/06/08/872470156/-publishingpaidme-authors-share-their-advances-to-expose-racial-disparities.
52. Nidhi Subbaraman, "How #BlackInTheIvory put a spotlight on racism in academia," *Nature*, June 11, 2020, https://www.nature.com/articles/d41586-020-01741-7.
53. Neil Lewis, "What I've learned about being a Black scientist," *Science*, June 16, 2020, https://www.sciencemag.org/careers/2020/06/what-ive-learned-about-being-black-scientist.
54. Karen E. Fields and Barbara Jeanne Fields, *Racecraft: The Soul of Inequality in American Life* (Verso Trade, 2014).
55. Ibram X. Kendi, *Stamped from the Beginning: The Definitive History*

*of Racist Ideas in America* (Random House, 2017).

56. Bruce Western and Becky Pettit, "Black-white wage inequality, employment rates, and incarceration," *American Journal of Sociology* 111, no. 2 (2005): 553–578, https://doi.org/10.1086/432780.
57. Zinzi D. Bailey, Nancy Krieger, Madina Agénor, Jasmine Graves, Natalia Linos, and Mary T. Bassett, "Structural racism and health inequities in the USA: evidence and interventions," *The Lancet* 389, no. 10077 (2017): 1453–1463, https://doi.org/10.1016/S0140-6736(17)30569-X.
58. Becky Pettit and Bruce Western, "Mass imprisonment and the life course: Race and class inequality in US incarceration," *American Sociological Review* 69, no. 2 (2004): 151–169, https://doi.org/10.1177/000312240406900201.
59. Edwards, Lee, and Esposito, "Risk of being killed by police."
60. Sean F. Reardon, "School segregation and racial academic achievement gaps," *RSF: The Russell Sage Foundation Journal of the Social Sciences* 2, no. 5 (2016): 34–57, https://www.rsfjournal.org/content/2/5/34.short.
61. Ted Thornhill, "We want black students, just not you: How white admissions counselors screen black prospective students," *Sociology of Race and Ethnicity* 5, no. 4 (2019): 456–470, https://doi.org/10.1177/2332649218792579.
62. Marianne Bertrand and Sendhil Mullainathan, "Are Emily and Greg more employable than Lakisha and Jamal? A field experiment on labor market discrimination," *American Economic Review* 94, no. 4 (2004): 991–1013, https://doi.org/10.3386/w9873.
63. Gregory Smithsimon, "How to see race," Aeon, March 26, 2018, https://aeon.co/essays/race-is-not-real-what-you-see-is-a-power-relationship-made-flesh.
64. Nell Irvin Painter, "Why 'White' should be capitalized, too," *Washington Post,* July 22, 2020.
65. Jennifer L. Eberhardt, *Biased: Uncovering the Hidden Prejudice that Shapes What We See, Think, and Do* (Penguin Books, 2020).

66. Victoria C. Plaut, Kecia M. Thomas, and Matt J. Goren, "Is multiculturalism or color blindness better for minorities?," *Psychological Science* 20, no. 4 (2009): 444–446, https://doi.org/10.1111/j.1467-9280.2009.02318.x.
67. Sonia K. Kang, Katherine A. DeCelles, András Tilcsik, and Sora Jun, "Whitened résumés: Race and self-presentation in the labor market," *Administrative Science Quarterly* 61, no. 3 (2016): 469-502, https://doi.org/10.1177/0001839216639577.
68. Courtney L. McCluney, Robotham, Kathrina, Lee, Serenity, Smith, Richard, and Durkee, Miles, "The costs of code-switching," *Harvard Business Review,* November 15, 2019, https://hbr.org/2019/11/the-costs-of-codeswitching.
69. Elijah Anderson, "The white space," *Sociology of Race and Ethnicity* 1, no. 1 (2015): 10–21, https://doi.org/10.1177/2332649214561306.
70. Ibid.
71. Fiske, "Controlling other people: The impact of power on stereotyping."
72. John Biewen and Chenjerai Kumanyika, "Seeing white: Episode 6: That's not us, so we're clean," Scene on Radio Season 2, Center for Documentary Studies, Distributed by PRX, http://www.sceneonradio.org/tag/season-2/.
73. Ramesh Nagarajah, "Reflections from a token black friend," Medium, June 4, 2020, https://humanparts.medium.com/reflections-from-a-token-black-friend-2f1ea522d42d.
74. Chana Joffe-Walt, "Episode 1: The book of statuses," *Nice White Parents* podcast, July 30, 2020.
75. Naomi Tweyo Nkinsi, Twitter status, June 13, 2020, https://twitter.com/NNkinsi/status/1271855868531765253.
76. Derald Wing Sue, Christina M. Capodilupo, Gina C. Torino, Jennifer M. Bucceri, Aisha Holder, Kevin L. Nadal, and Marta Esquilin, "Racial microaggressions in everyday life: implications for clinical practice," *American Psychologist* 62, no. 4 (2007): 271, https://doi.org/10.1037/0003-066X.62.4.271.
77. Courtney L. McCluney, Lauren L. Schmitz, Margaret T. Hicken,

and Amanda Sonnega, "Structural racism in the workplace: Does perception matter for health inequalities?," *Social Science & Medicine* 199 (2018): 106–114, https://doi.org/10.1016/j.socscimed.2017.05.039.

78. Arline T. Geronimus, Margaret Hicken, Danya Keene, and John Bound, "'Weathering' and age patterns of allostatic load scores among blacks and whites in the United States," *American Journal of Public Health* 96, no. 5 (2006): 826–833, https://doi.org/10.2105/AJPH.2004.060749.

79. Arthur W. Blume, Laura V. Lovato, Bryan N. Thyken, and Natasha Denny, "The relationship of microaggressions with alcohol use and anxiety among ethnic minority college students in a historically white institution," *Cultural Diversity and Ethnic Minority Psychology* 18, no. 1 (2012): 45, https://doi.org/10.1037/a0025457.

80. Oscar Holmes IV, Kaifeng Jiang, Derek R. Avery, Patrick F. McKay, In-Sue Oh, and C. Justice Tillman, "A meta-analysis integrating 25 years of diversity climate research," *Journal of Management* (2020), https://doi.org/10.1177/0149206320934547.

81. Andrew R. Todd and Adam D. Galinsky, "Perspective-taking as a strategy for improving intergroup relations: Evidence, mechanisms, and qualifications," *Social and Personality Psychology Compass* 8, no. 7 (2014): 374–387, https://doi.org/10.1111/spc3.12116.

82. Tal Eyal, Mary Steffel, and Nicholas Epley, "Perspective mistaking: Accurately understanding the mind of another requires getting perspective, not taking perspective," *Journal of Personality and Social Psychology* 114, no. 4 (2018): 547, https://doi.org/10.1037/pspa0000115.

83. Jeff Moag, "The power of inclusion," May 7, 2020, https://www.tuck.dartmouth.edu/news/articles/the-power-of-inclusion.

84. Teresa Amabile, Colin Fisher, and Julianna Pillemer, "Ideo's culture of helping," *Harvard Business Review*, January–February 2014, https://hbr.org/2014/01/ideos-culture-of-helping.

85. Whitelaw Reid, "Reddit co-founder Alexis Ohanian says it was long past time to do the right thing," *UVA Today*, June 23, 2020, https://news.virginia.edu/content/reddit-co-founder-alexis-ohan

ian-says-it-was-long-past-time-do-right-thing.

86. "Address of President-Elect John F. Kennedy Delivered to a Joint Convention of the General Court of the Commonwealth of Massachusetts," January 9, 1961, https://www.jfklibrary.org/archives/other-resources/john-f-kennedy-speeches/massachusetts-general-court-19610109.

87. Kai Sassenberg, Naomi Ellemers, Daan Scheepers, and Annika Scholl, "'Power corrupts' revisited: The role of construal of power as opportunity or responsibility," in J.-W. van Prooijen and Paul A. M. van Lange, ed., *Power, Politics, and Paranoia: Why People Are Suspicious of Their Leaders* (2014): 73–87, https://doi.org/10.1017/CBO9781139565417.007.

88. Annika Scholl, Frank de Wit, Naomi Ellemers, Adam K. Fetterman, Kai Sassenberg, and Daan Scheepers, "The burden of power: Construing power as responsibility (rather than as opportunity) alters threat-challenge responses," *Personality and Social Psychology Bulletin* 44, no. 7 (2018): 1024–1038, https://doi.org/10.1177/0146167218757452.

89. Kai Sassenberg, Naomi Ellemers, and Daan Scheepers, "The attraction of social power: The influence of construing power as opportunity versus responsibility," *Journal of Experimental Social Psychology* 48, no. 2 (2012): 550–555, https://doi.org/10.1016/j.jesp.2011.11.008.

90. Serena Chen, Annette Y. Lee-Chai, and John A. Bargh, "Relationship orientation as a moderator of the effects of social power," *Journal of Personality and Social Psychology* 80, no. 2 (2001): 173, https://doi.org/10.1037/0022-3514.80.2.173.

91. Schmid Mast, Jonas, and Hall, "Give a person power."

92. Bob Gilber, "More than just a game," *Seton Hall Magazine,* November 9, 2010, https://blogs.shu.edu/magazine/2010/11/more-than-just-a-game-2/.

93. Longman, "College Basketball East."

顺　从

## 第七章　去看、去感觉、去体验
你对他人的影响

1. Patricia Mazzei and Frances Robles, "The costly toll of not shutting down spring break earlier," *New York Times,* April 11, 2020, https://www.nytimes.com/2020/04/11/us/florida-spring-break-coronavirus.html.
2. Jake Wittich, "St. Patrick's Day partiers hit the town over officials' pleas amid coronavirus outbreak," *Chicago Sun-Times*, March 14, 2020, https://chicago.suntimes.com/coronavirus/2020/3/14/21179885/st-patricks-day-chicago-coronavirus.
3. Taylor Lorenz, "Flight of the influencers," *New York Times,* April 3, 2020, https://www.nytimes.com/2020/04/02/style/influencers-leave-new-york-coronavirus.html?fbclid=IwAR3xnN5uIgtlZh5FbB09eik5htn3DYH9DwbRMFL4y_zPugpcgf2hZPyhkNo.
4. Vanessa K. Bohns, "Why so many people are still going out and congregating in groups despite coronavirus pandemic: It's not selfishness," *The Hill,* March 20, 2020, https://thehill.com/changing-america/opinion/488654-why-so-many-people-are-still-going-out-and-congregating-in-groups.
5. Dale T. Miller, "The norm of self-interest," *American Psychologist 54,* no. 12 (1999): 1053–1060, https://doi.org/10.1037/0003-066X.54.12.1053.
6. Aimee Ortiz, "Man who said, 'If I get corona, I get corona,' apologizes," *New York Times,* March 24, 2020, https://www.nytimes.com/2020/03/24/us/coronavirus-brady-sluder-spring-break.html.
7. Rachel Greenspan, "In a tearful post from the Hamptons, an influencer apologized after fleeing NYC following her COVID-19 diagnosis," *Insider*, April 2, 2020, https://www.insider.com/arielle-charnas-something-navy-responds-to-backlash-coronavirus-2020-4.
8. Caitlin O'Kane, "Woman helped elderly couple get food when they were too scared to go shopping during coronavirus outbreak," CBS News, March 13, 2020, https://www.cbsnews.com/news/

coronavirus-elderly-rebecca-mehra-twitter-buys-couple-groceries-scared-to-go-into-store-during-oregon-outbreak/.
9. "8-year-old NC child with autism gets surprise 100+ Jeep parade for birthday," *North Carolina News,* CBS17.com, https://www.cbs17.com/news/north-carolina-news/8-year-old-nc-child-with-autism-gets-surprise-100-jeep-parade-for-birthday/.
10. Max H. Bazerman, George Loewenstein, and Don A. Moore, "Why good accountants do bad audits," *Harvard Business Review* 80, no. 11 (2002): 96–103, https://hbr.org/2002/11/why-good-accountants-do-bad-audits.
11. Georgia Nigro and Ulric Neisser, "Point of view in personal memories," *Cognitive Psychology* 15, no. 4 (1983): 467–482, https://doi.org/10.1016/0010-0285(83)90016-6.
12. Daniel T. Gilbert and Edward E. Jones, "Perceiver-induced constraint: Interpretations of self-generated reality," *Journal of Personality and Social Psychology* 50, no. 2 (1986): 269, https://doi.org/10.1037/0022-3514.50.2.269.
13. Lisa K. Libby and Richard P. Eibach,"Visual perspective in mental imagery: A representational tool that functions in judgment, emotion, and self-insight," in J. M. Olson and M. P. Zanna, ed., *Advances in Experimental Social Psychology, vol. 44* (Academic Press, 2011): 185–245, https://doi.org/10.1016/B978-0-12-385522-0.00004-4.
14. Lisa K. Libby, Eric M. Shaeffer, Richard P. Eibach, and Jonathan A. Slemmer, "Picture yourself at the polls: Visual perspective in mental imagery affects self-perception and behavior," *Psychological Science* 18, no. 3 (2007): 199–203, https://doi.org/10.1111/j.1467-9280.2007.01872.x.
15. Ibid.
16. Eli J. Finkel, Erica B. Slotter, Laura B. Luchies, Gregory M. Walton, and James J. Gross, "A brief intervention to promote conflict reappraisal preserves marital quality over time," *Psychological Science* 24, no. 8 (2013): 1595–1601, https://doi.org/10.1177/0956797612474938.

17. Rebecca D. Ray, Frank H. Wilhelm, and James J. Gross, "All in the mind's eye? Anger rumination and reappraisal," *Journal of Personality and Social Psychology* 94, no. 1 (2008): 133, https://doi.org/10.1037/0022-3514.94.1.133.
18. Ethan Kross, Ozlem Ayduk, and Walter Mischel, "When asking 'why' does not hurt distinguishing rumination from reflective processing of negative emotions," *Psychological Science* 16, no. 9 (2005): 709–715, https://doi.org/10.1111/j.1467-9280.2005.01600.x.
19. Dale Carnegie, *How to Win Friends and Influence People* (Simon & Schuster, 1936).
20. Nicholas Epley, *Mindwise: Why We Misunderstand What Others Think, Believe, Feel, and Want* (Vintage, 2014).
21. Tal Eyal, Mary Steffel, and Nicholas Epley, "Perspective mistaking: Accurately understanding the mind of another requires getting perspective, not taking perspective," *Journal of Personality and Social Psychology* 114, no. 4 (2018): 547, https://doi.org/10.1037/pspa0000115.
22. C. Daniel Batson, Shannon Early, and Giovanni Salvarani, "Perspective taking: Imagining how another feels versus imaging how you would feel," *Personality and Social Psychology Bulletin* 23, no. 7 (1997): 751–758, https://doi.org/10.1177/0146167297237008.
23. Adam D. Galinsky, Gillian Ku, and Cynthia S. Wang, "Perspective-taking and self-other overlap: Fostering social bonds and facilitating social coordination," *Group Processes & Intergroup Relations* 8, no. 2 (2005): 109–124, https://doi.org/10.1177/1368430205051060.
24. Andrew R. Todd, Galen V. Bodenhausen, Jennifer A. Richeson, and Adam D. Galinsky, "Perspective taking combats automatic expressions of racial bias," *Journal of Personality and Social Psychology* 100, no. 6 (2011): 1027, https://doi.org/10.1037/a0022308.
25. Eyal, Steffel, and Epley, "Perspective mistaking," 568.
26. Vanessa K. Bohns and Lauren A. DeVincent, "Rejecting unwanted romantic advances is more difficult than suitors realize," *Social Psychological and Personality Science* 10, no. 8 (2019): 1102–1110, https://doi.org/10.1177/1948550618769880.

27. Rachel L. Ruttan, Mary-Hunter McDonnell, and Loran F. Nordgren, "Having 'been there' doesn't mean I care: When prior experience reduces compassion for emotional distress," *Journal of Personality and Social Psychology* 108, no. 4 (2015): 610, https://doi.org/10.1037/pspi0000012.
28. Lee Ross, David Greene, and Pamela House, "The 'false consensus effect': An egocentric bias in social perception and attribution processes," *Journal of Experimental Social Psychology* 13, no. 3 (1977): 279–301, https://doi.org/10.1016/0022-1031(77)90049-X.
29. Alix Spiegel, "By making a game out of rejection, a man conquers fear," *Invisibilia*, NPR, January 16, 2015, https://www.npr.org/sections/health-shots/2015/01/16/377239011/by-making-a-game-out-of-rejection-a-man-conquers-fear.
30. Jonathan S. Abramowitz, Brett J. Deacon, and Stephen PH Whiteside, *Exposure Therapy for Anxiety: Principles and Practice* (Guilford Publications, 2019).
31. Jia Jiang, "Day 7: Speak over Costco's intercom," 100 Days of Rejection Therapy, *Rejection Therapy with Jian Jiang*, November 22, 2012, https://www.rejectiontherapy.com/blog/2012/11/22/day-7-rejection-therapy-speak-over-costcos-intercom/.
32. Jia Jiang, "Day 9: Send stuff to Santa Claus through FedEx," 100 Days of Rejection Therapy, *Rejection Therapy with Jian Jiang*, November 24, 2012, https://www.rejectiontherapy.com/blog/2012/11/24/day-9-rejection-therapy-send-stuff-to-santa-claus-through-fedex/.
33. Jia Jiang, "Day 36: Trim my hair at PetSmart," 100 Days of Rejection Therapy, *Rejection Therapy with Jian Jiang*, January 4, 2013, https://www.rejectiontherapy.com/blog/2013/01/04/day-36-trim-my-hair-at-petsmart/.
34. Jia Jiang, "Day 41: Sit in police car's driver's seat," 100 Days of Rejection Therapy, *Rejection Therapy with Jian Jiang*, January 12, 2013, https://www.rejectiontherapy.com/blog/2013/01/12/rejection-41-sit-in-police-cars-drivers-seat/.
35. Jia Jiang, "Day 21: Ask strangers for compliments," 100 Days of

Rejection Therapy, *Rejection Therapy with Jian Jiang*, December 9, 2012, https://www.rejectiontherapy.com/blog/2012/12/09/day-21-ask-strangers-for-compliments/.

36. Jia Jang, "Day 3: Ask for Olympic symbol donuts," 100 Days of Rejection Therapy, November 18, 2012, https://www.rejectiontherapy.com/blog/2012/11/18/day-3-rejection-therapy-ask-for-olympic-symbol-doughnuts-jackie-delivers/.
37. Jia Jiang, "What I learned from 100 days of rejection," TEDxMtHood, May 2015, https://www.ted.com/talks/jia_jiang_what_i_learned_from_100_days_of_rejection.
38. Steven O. Roberts, Carmelle Bareket-Shavit, Forrest A. Dollins, Peter D. Goldie, and Elizabeth Mortenson, "Racial inequality in psychological research: Trends of the past and recommendations for the future," *Perspectives on Psychological Science* (2020), https://doi.org/10.1177/1745691620927709.
39. Linda Babcock and Sara Laschever, *Women Don't Ask: Negotiation and the Gender Divide* (Princeton University Press, 2009).
40. "Hayley: Asking for Rejection," *My Name Is . . .* , BBC Radio 4, February 19, 2020, https://www.bbc.co.uk/programmes/m000ffzx.
41. Jiang, "Day 21: Ask strangers for compliments," 100 Days of Rejection Therapy (video).
42. Marianne Power, "I was rejected every day for a month," *Bazaar*, January 30, 2019, https://www.harpersbazaar.com/culture/features/a26062963/what-is-rejection-therapy-self-help/.
43. Vanessa K. Bohns, "(Mis)Understanding our influence over others: A review of the underestimation-of-compliance effect," *Current Directions in Psychological Science* 25, no. 2 (2016): 119–123, https://doi.org/10.1177/0963721415628011.
44. Paul Rozin and Edward B. Royzman, "Negativity bias, negativity dominance, and contagion," *Personality and Social Psychology Review* 5, no. 4 (2001): 296–320, https://doi.org/10.1207/S15327957PSPR0504_2.
45. Roy F. Baumeister, Ellen Bratslavsky, Catrin Finkenauer, and Kathleen D. Vohs, "Bad is stronger than good," *Review of General*

*Psychology* 5, no. 4 (2001): 323–370, https://doi.org/10.1037/1089-2680.5.4.323.
46. Arielle M. Silverman, Jason D. Gwinn, and Leaf Van Boven, "Stumbling in their shoes: Disability simulations reduce judged capabilities of disabled people," *Social Psychological and Personality Science* 6, no. 4 (2015): 464–471, https://doi.org/10.1177/1948550614559650.
47. Jiang, TEDx Talk.